何でも英語で言ってみる！

音声DL版

シンプル
英語 フレーズ 2000

光藤京子

JN015652

高橋書店

はじめに

　急速なグローバル化が進む中、多くの日本人が海外へ足を運び、多くの外国人が日本を訪れています。英語が世界の共通語となり、それを身につけることは必須の時代となりました。

　本書は「身のまわり」から「人生の生き方」まで、幅広いテーマを取り上げています。辞書や教科書には登場しない表現も多数盛り込まれており、読者のみなさんには、わくわくしながら、楽しんで英語を学んでいただけることと思います。

　フレーズによっては、日本語と英語が完全に対応せず、直訳ではないことに驚かれるでしょう。日本人どうしの会話でごく普通に使われる「ご飯にする、それともお風呂？」といった言いまわしは、そのような慣習のない外国人には不思議な表現に聞こえます。思いやりの心、清潔好きの習慣など、海外の文化にはない日本人の発想をシンプルな英語でどう伝えるか。そのようなことを考えつつ、本書を執筆しました。読者のみなさんは、文化や考え方の違いを解説やコラムで理解したうえで、覚えたフレーズを気軽に使ってみてください。

　本書を利用して、みなさんが楽しみながら英語を身につけてくださることを心より願っています。

著者

この本の使い方

　本書は、「定番表現・自己紹介」「ちょっとした一言・感情表現」「旅行」「買い物・グルメ」「遊び・エンタメ」「人生・恋愛」「環境・IT」の7つの章で構成しています。あいさつや自己紹介、感情表現をはじめとするコミュニケーションで必須となる定番英語フレーズはもちろん、日常生活や旅行、娯楽、文化を伝えるための表現も多数紹介しています。

　海外で英語を話すときや、日本で外国人とコミュニケーションをとる際に役立つ便利なフレーズ集です。

メインページ

テーマ
日常や旅行など37のテーマに分け、さらに細かいシチュエーション別にフレーズを収録しています。

音声マーク
日本語と英語の音声を収録しています。ダウンロードの方法はカバー折返し部分をご参照ください。

ミニ知識
フレーズによっては［プラスα］［文法］［表現］［カルチャー］［注意］の5種類の情報を適宜紹介しています。

普段から使えるリアルなフレーズが盛りだくさん

「マジで!?」「せつない……」など、日本語をどう英語で表現したらいいか迷うようなフレーズを多数紹介。あらゆるシーンで使える、生きたフレーズを学べます。

入れ替え単語ページ

楽しいイラストで入れ替えの単語を紹介。単語を入れ替えるだけでフレーズのバリエーションを増やせます。

WORLD REPORT

世界中の人とのコミュニケーションで役立つマナーやコツを紹介します。英語を母語とするアメリカ人、イギリス人のほか、アジアやヨーロッパの人々にまつわる内容も。英語を介してコミュニケーションをとる際に役立つ情報が満載です。

CONTENTS

はじめに
この本の使い方—4

 CHAPTER **1** 定番表現・自己紹介

CHAPTER **2** ちょっとした一言・感情表現

CHAPTER 7 環境・IT

COLUMN

WORLD REPORT

1 誤解を招く! 非言語コミュニケーション―20

2 世界のEnglish事情―29

3 笑う国? 笑わない国?―72

4 似て非なるお国柄―108

5 国で異なる食事のマナー―156

6 恥をかかないドレスコード―189

7 成功するパーティー・トーク―191

8 世界のライフスタイル―仕事・結婚・子育て―232

9 覚えておきたい略語&顔文字―278

執筆協力・英文校正	マシュー・ミラー、高木エリン
デザイン・DTP	小口翔平、平山みな美(tobufune)
イラスト	高旗将雄
英語ナレーション	ドミニク・アレン、ビアンカ・アレン
日本語ナレーション	赤石孝、日野まり
録音	(有)スタジオユニバーサル
校正	(株)鷗来堂
編集協力	円谷直子

CHAPTER 1

定番表現・自己紹介

定番の表現

hello!

初対面のあいさつ

☐ おはようございます。
Good morning.

> 💡 プラスα 親しい相手の場合は、"Good morning, Risa!"のように、名前を加えて呼びかけると親しみがわく。

☐ こんにちは。
Hello.

> 💡 プラスα 午後に会う場合はGood afternoon.でもよい。Hello.は一日中使える。

☐ こんばんは。
Good evening.

☐ はじめまして。
Nice to meet you.

> 💡 プラスα はじめて会う人に対して使う定番の表現。すでに何回か会っている人には、Nice to see you. ／ Good to see you. と言おう。

☐ お会いできるのを楽しみにしていました。
I was looking forward to meeting you.

> 🌙 文法 look forward to...ing. = ...することを楽しみにしている。toのあとはing形になる。

☐ こちらこそ。
Same here.

> ☺ 表現 Same here. = こちらも同じです

☐ 友だちのマットを紹介しますね。
This is my friend, Matt.

> ☺ 表現 隣にいる友人をHe is... とは言わない。This is... と紹介しよう。

☐ おうわさは伺っています。
I've heard a lot about you.

☐ お会いできてうれしいです。
I'm happy to meet you.

☐ よろしくお願いします。
It's a pleasure to meet you.

⭐**カルチャー** 英語には「よろしくお願いします」にあたるフレーズはない。あえて英語にするなら「あなたに会えてうれしい」が妥当だろう。もう少しカジュアルに言うなら Nice to meet you. でもよい。

その他のあいさつ

音声 1 -02

☐ どうも！
Hi!

😊**表現** Hi! は魔法の言葉。よほどフォーマルな場でない限り、あいさつ代わりとしてだれにでも使える。大きなスマイルも忘れずに！

☐ お元気ですか?
How are you?

💡**プラスα** アメリカでは、How are you? をあいさつ代わりに使う人も多い。

☐ 元気です。
Good.

💡**プラスα** もっと丁寧に、Fine, thanks(thank you). という言い方もある。

☐ お久しぶりです。
Long time, no see.

😊**表現** しばらく会っていない人に対して使う定番の表現。

☐ お変わりありませんか?
How's everything with you?

☐ まあまあですね。
I'm doing well.

💡**プラスα** do well ＝まあまあやっている。ほかに、Not so bad. (悪くないよ)もある。

☐ 最近はどうですか?

How are you doing?

💡 プラスα 仕事や私生活などで「最近どう?」という意味。同じような表現でHow's it going?、親しい間柄ではWhat's up?(最近どうしてる?)と尋ねることも。

☐ やっと会えたね!

So, we finally meet!

😊 表現 finally meet = やっと会える

☐ 最後に会ったのはいつでした?

When did we meet last time?

☐ 4、5年前だったと思います。

Four or five years ago, I guess.

💡 プラスα I guess(たぶん...だと思うけど)は文頭にも文末にも使える便利な表現。
I guess it was back in 1970s.(たぶん、それは1970年代のことだと思います)

☐ ご家族はお元気ですか?

How's your family?

💡 プラスα 相手の家族を知っている場合は、必ず尋ねよう。「自分の家族は元気です」と伝えたいときは、My family is doing well.

☐ ウイリアムズ先生じゃありませんか?

Excuse me, but are you Mr. Williams?

☐ 私のこと覚えてますか? 桃子です。

Do you remember me? I'm Momoko.

💡 プラスα 相手に「私を覚えているか?」と聞かれたら、Of course, I do. と答えればよい。覚えていないときには、Where do we know each other from?(どういう機会に[関係で]お会いしましたっけ?)とも。

☐ いいお天気ですね!

What a beautiful day!

⭐ カルチャー 場の空気をなごませるのに、天気の話を出すのは万国共通。ジョークの好きなイギリス人は、雨の日なのにわざわざWhat a beautiful day! と言ったりするけれど、驚かないで!

音声 1 -03

☐ バイバイ。
Bye.
> ! 注意 Bye-bye.は子どもっぽく聞こえるので気をつけて。

☐ さようなら。
Good-bye.

☐ じゃあね。
See you.
> ☺ 表現 別れ際に交わす決まり文句。

☐ 元気でね!
Take care!
> ☺ 表現 別れ際に、相手の体調などを気遣って言う表現。

☐ 次に会えるのを楽しみにしてます。
Looking forward to seeing you again.
> 💡 プラスα 比較的すぐ再会する場合は、See you later. 具体的に「来週」や「今度の月曜日」に会う場合は、See you next week. ／ See you Monday.

☐ 今度いつ会える?
When can I see you again?
> 💡 プラスα What time can I see you?(何時に会える?)

☐ お電話を待ってますね。
Call me.

☐ メールくださいね。
Text me.
> 💡 プラスα 近年、携帯やスマートフォンの利用が増え、text someoneと言うようになった。Email me.でもOK。

☐ 連絡するね。
I'll be in touch.
> ☺ 表現 be in touch = 連絡を取り合う

15

☐ 家族の方によろしくお伝えください。
Say hello to your family.

> 💡 **プラスα** say hello to... = ...によろしく伝える。Say hi to your sister. (妹さんによろしくね)

お 礼

音声
1 -04

☐ ありがとうございます。
Thank you so much.

☐ ありがとう!
Thanks!

> ⚠️ **注意** Thanks. はカジュアルな表現。親しい間柄で使おう。

☐ いろいろとありがとうございます。
Thank you for everything.

> 😊 **表現** 多方面にわたってお世話になったときに使う。

☐ ご親切に対し、心より感謝しています。
I don't know what to say for your kindness.

> 😊 **表現** for your kindness = ご親切に対して

☐ 今度、何かお礼させてください。
I owe you one.

> 💡 **プラスα** owe...one = ...に借りをつくる。具体的に借りを返す場合は、Next time is my treat. ／ I'll buy you one. (次はおごるね)

☐ 由美さんのおかげです。
Yumi helped me out a lot.

> ⭐ **カルチャー** 英語では、「○○(人名)のおかげ」という言い方はあまりしない。help out = だれかが困っているときに助け出す

☐ 日本にお越しの際はご連絡くださいね。
Let me know when you come to Japan.

> 💡 **プラスα** Let me know = 連絡してください。Let me know if you have any problems. (何か問題があったら、連絡してくださいね)

☐ 申しわけありませんでした。
I apologize.

😊 **表現** apologize ＝ 謝る

☐ なんと言ったらよいのか……。
I don't know what to say...

☐ ごめんなさい。
I'm sorry.

⭐ **カルチャー** 「海外ではめったに I'm sorry. と言うな」と教わる人も多いはず。これは事故などで、責任を負うおそれを避けるため。普段のちょっとしたこと（足を踏む、前を横切る）であれば、現地の人は頻繁に I'm sorry. を使う。

☐ 私が悪いんです。
It's my fault.

💡 **プラスα** my fault ＝ 私の責任。こちらは交通事故の対応中などに気軽に言わないこと。友だちに頼まれたチケットを申し込んだのに予約されていなかったなど、自分の手違いを謝るときに使う。

☐ 悪気があったわけじゃありません。
I didn't mean it.

😊 **表現** mean... ＝ ...を意図する

☐ わざとじゃないんです。
I didn't do it on purpose.

😊 **表現** on purpose ＝ 意図的に

☐ 許してください。
Forgive me.

💡 **プラスα** より丁寧な表現はWould you accept my apology?

☐ 間違えた！
Oops! Sorry.

⚠ **注意** うっかり人にぶつかってしまったり、間違って他人の席に座ってしまったりしたときに。かなりカジュアルな表現なので、真剣に謝る場合はNG。

17

☐ 遅れてすみません。
Sorry for being late.

> 😊 表現 Sorry for... = ...に対してすみません

☐ 謝って済む問題じゃないよ。
It's not something you can just apologize for.

☐ しょうがないなあ。
Oh, well.

☐ 今回だけは許そう。
Only this time. Not next time.

> 💡 プラスα 一度の過失は許すけれど、2回目は許さない、という表現。母親が自分の子どもに対してよく使う。

あいづち

音声 1 -06

☐ うんうん。
I see.

> 💡 プラスα 軽くはさむあいづち。Yeah. / OK. などもよく使われる。

☐ それで?
And then?

> 😊 表現 相手の話に興味を示すときに使える。

☐ そうなんだ。
I got it.

> 😊 表現 get it = わかる。相手の説明で、状況が飲み込めた場合に。

☐ 本当ですか?
Really?

☐ へえ!
Wow!

☐ ええっ!?
What!?
What? What did you say?（えっ、今何て言った?）

☐ 聞いて聞いて!
Listen up!
表現 listen up = 注意を向けて聞く

☐ うっそ。
You must be kidding.
表現 「冗談言ってるでしょ」「信じられない」というときに使う決まり文句。

☐ マジで!?
Are you serious!?
表現 「本気で言ってるの?」というニュアンス。

☐ 信じられない!
Oh my god!
注意 連発するのはあまり上品ではないが、事故など、言葉で表現できないほどの
ショックや衝撃を受けたときに、この言葉を発する人は多い。

☐ わかるよ、でも……。
I understand but...
プラスα 反論するときは、まず相手に共感することが大切。I understand but...（わかる
けど……）と言うと、相手も悪い気はしない。

☐ ところで……。
By the way...
プラスα 話題を途中で切り替えるときに使う。カジュアルなメールでは、省略してBTW,
how did the thing go?（ところで、その後あの件どうした?）などと書くことも。

☐ そうかなあ。
I don't think so.

☐ やっぱり!
That's what I thought!

誤解を招く！
非言語コミュニケーション

　日本人の何気ない行動や仕草が、異なる文化をもつ外国人の目には不思議に映ることもある。知合いの外国人は、満員電車を降りようとする日本人がまわりの人をかきわけながら手刀を切るのを見て、「いったい彼は何をしているのだろう？」と不思議に思ったそうだ。また、日本人が否定したり謙遜したりするときに「いえいえ……」と顔の前で手を横に振るのは、「（相手の）口臭が嫌でたまらない」という意味にとられることも（！）。

　日本では年齢や性別、職場での上下関係がコミュニケーションに大きく影響する。わが国では常識で、普段無意識にやっている動作が、異文化では「自信のない卑屈な態度」と誤解されたりすることもある。注意しよう！

CHECK!

笑うときに口に手を当てる

とくに女性に多いが、外国人には奇妙なふるまいに映る。歯を見せて笑おう

ひんぱんにうなずく

相手の発言に賛成している、話を完全に理解していると誤解されるので注意

何度もお辞儀をする

謝っているように見える。姿勢はまっすぐに保ち、相手の目を見て堂々と握手を

意味もなく笑う

理由もなくニタニタするのは、相手を馬鹿にしていると勘違いされることもある

手刀を切る

外国人に摩訶不思議に見える動作。「すみません（Excuse me!）」と声に出して

（顔の前で）手を横に振る

「息が臭いのかな？」と思わせるかも。外国人には過剰に謙遜する必要はない

□ はい。
Yes.

□ うん。
Yeah.

⚠️ **注意** 普段の会話ではYeah.で充分。ただし、連発し過ぎると下品に聞こえるので注意！

□ オーケーです。
It's OK with me.

💡 **プラスα** It's fine with me.とも言う。

□ 了解です。
All right.

□ もちろん。
Sure.

⚠️ **注意** 快く引き受けるときに使う。日本人がよく使うOf course. は、言い方によっては"上から目線"に聞こえるので注意。

□ そう思います。
I think so.

□ そうですね。
I agree.

😊 **表現** agree＝賛成する

□ きっとそうですね。
Probably so.

□ そのとおりです。
You are right.

⭐ **カルチャー** 相手に共感する、または肯定する言葉を適宜使うことは、外国人とのコミュニケーションでは大切。

☐ わかるわかる。
Yeah, I know.

☐ いいかもしれませんね。
I might agree to that.
> 😊 **表現** might = かもしれない。ややあいまいな言い方。

☐ では、よろしくお願いします。
Thanks for doing that.
> 😊 **表現** Thanks for...ing = ...してもらうことに対して感謝する。何かを頼んで承諾してくれたあとに、こう言うこともある。

☐ いいですね。
That's a good idea.

☐ 問題ありませんよ。
No problem.

否 定　　　　　　　　　　　音声 ① -08

☐ いいえ。
No.
> 💡 **プラスα** 友人や親しい人たちとの間で、ちょっとふざけた感じでNope.(ううん)と言うこともある。

☐ それは無理ですよ。
It's not a good idea.

☐ その考えには反対です。
I don't agree with that idea.
> ⭐ **カルチャー** 日本ではイエス・ノーをはっきり言わないこともあるが、海外では自分の意見をしっかり伝えることがほとんど。

☐ やめておいたほうがいいよ。
You shouldn't do that.

○ 私にはできそうにありません。

I'm afraid I can't do it.

> 💡 プラスα I'm afraid...を文頭につけると丁寧になり、雰囲気がやわらぐ。I'm afraid I don't agree with you.（ちょっとその意見には賛成しかねます）

○ ちょっと意見が違います。

I have a different idea.

> ⭐ カルチャー 個人の考えを重視する欧米では、自分の意見や立場を主張するのが重要。そのためには、何事もしっかりとした考えを普段からもっておくこと。

○ 間違っていませんか?

I think you are wrong.

> 💡 プラスα ときには、相手のミスを指摘することも必要。Is that right? なら、よりやさしく聞こえる。

○ 嫌です。

I don't like it.

○ 結構です。

No, thank you.

> 💡 プラスα カジュアルに言うなら、No, thanks.

○ それはちょっと……。

I don't know about that...

> ⭐ カルチャー 何事もはっきりと主張するアメリカ人でも、ときにお茶を濁すような言い方をすることも。はっきり否定はしないが、「それはちょっと賛成しかねる」というような場面で使う。

頼 む

音声 1 -09

○ コーヒーをお願いします。

Would you get me a coffee?

> 📘 文法 助動詞Would／Could／Canは、Would →Could →Canの順に、表現がカジュアルになる。

☐ よかったらお願いできますか?
Would you do it for me?
> 😊 表現　Would you...? には、「よかったら...してくださいませんか?」という遠慮の
> ニュアンスがある。

☐ 聞いていただきたいことがあります。
I need to tell you something.
> 😊 表現　need to tell = 言いたいことがある、聞いて欲しい

☐ お願いしたいことがあるのですが。
Would you do something for me?

☐ お忙しいと思いますが、そこをなんとか……。
I know you are busy, but...
> 💡 プラスα　人に何かを頼むときは、まずは相手に共感することが大切。

☐ やっていただけるとうれしいのですが。
I hope you can do it.
> 😊 表現　I hope...をつけることで、無理強いしている感じではなく、「やってもらえれば
> たいへんうれしい」のニュアンスになる。

☐ ぜひ、この仕事をお願いしたいのですが。
I'd be very happy if you would accept this job.
> 🌙 文法　I'd (= would) be happy, if you would／could... = そうしていただければ
> ありがたい。仮定法。

☐ 私の代わりにできませんか?
Would you do it in my place?
> 😊 表現　in one's place = ...の代わりに

祝 う
音声 1 -10

☐ おめでとうございます。
Congratulations.
> ❗ 注意　Congratulations.は複数形であることに注意。メールやツイッターなどで
> は、カジュアルにCongrats！と略して書くこともある。

◯ あなたは私の自慢です。

I'm so proud of you.

⭐カルチャー アメリカ人は人をほめるのが上手。子どもがよい成績を収めたり、スポーツ大会で表彰されたりしたときに、母親は必ずこう言ってたたえる。

◯ 祝福させてください。

Let me congratulate you.

☺表現 スピーチの冒頭によく使われる。

◯ 苦労が報われましたね。

You deserve this.

☺表現 deserve... = ...に値する。努力をしたのでよい結果になった、逆に努力を怠ったために悪い結果になったときにも使う。

◯ よいことがあるといいですね！

Best of luck!

☺表現 Best of luck! = 運が向くように（祈る）

◯ よかったですね！

Good for you!

☺表現 good for... = ...のためによかった、私もうれしい、というニュアンス。

◯ あなたならできると思ってたよ。

I knew you could do it.

☺表現 I knew you could... = きみなら...できると知っていた、つまり「信じていた」という意味。

◯ やったね！

You did it!

💡プラスα You made it. とも言う。

ほめる

音声 1 -11

◯ さすが！

Great job!

☺表現 「すごい仕事をしたね」というニュアンス。

☐ すごいじゃないですか。
That's great.

☐ すてきですね。
You look nice.

> ⚠️ **注意** look... ＝ ...に見える。ただし、You look lovely. を使うのは女性に対してだけ。男性や子どもには使わないので注意。

☐ かっこいいですよ！
You're so cool！

> 😊 **表現** 相手の行為や姿に対し、憧れているときに。

☐ あなたは私の憧れです。
I admire you！

> 😊 **表現** 相手の、業績や職業などを尊敬するときに。

☐ 君らしいよ。
It's so like you.

> ⭐ **カルチャー** 海外では「自分らしく生きる」という考え方はとても大切。Be as you are.（自分らしく生きろ）なんていう表現もある。

☐ 尊敬します。
I respect you.

☐ 惚れ惚れします。
You're my hero.

> 😊 **表現** my heroは、男性にも女性にも使える。

励ます

☐ がんばって。
Good luck.

> 💡 **プラスα** これから何かを行おうとする人を激励するときに。Do your best！と言って励ますこともある。

☐ 元気出してください。
Cheer up.

☐ 大丈夫。
Everything will be alright.
> 💡 プラスα Don't worry. とも言う。

☐ 君のせいじゃない。
It's not your fault.
> 💡 プラスα ミスを犯して落ち込んでいる人を慰める表現。Don't blame yourself.(自分を責めないで)とも。

☐ なんとかなるさ。
It'll be OK.
> 💡 プラスα Everything's going to work out.(すべてうまくいくさ)という表現もある。

☐ いつでも相談にのるよ。
I will always listen to you.
> ⚠ 注意 listen to... = ...を聞く。同じ「聞く」でもhearは普通に聞く、listenはじっくり耳を傾けて聞く。

☐ 無理しないで。
Don't push yourself too hard.
> 😊 表現 push oneself hard = (自分に)プレッシャーをかけてがんばりすぎる

☐ あなたが**決めた**ことだから**正しい**はず。
You did the right thing.
> 💡 プラスα 「あなたは正しいこと(the right thing)をやった」と言われると自信がわくのは世界共通。

☐ いつもそばにいるからね。
I'll always be with you.

☐ 明日は明日の風が**吹く**、だよ。
Just sleep on it.
> 😊 表現 sleep on... = (考えなどを)一晩寝かせる。「明日になればよい考えが浮かぶから心配しないで!」と言うときに。

THEME 2 自己紹介

名 前

音声 1 -13

☐ 名前を教えてください。
What's your name?

> ⚠️ **注意** さらに丁寧な言い方にMay I ask your name?がある。はじめて会う人には、このほうがより丁寧。

☐ 私の名前は桃子です。
My name is Momoko.

> 💡 **プラスα** I'm Momoko.でもよい。

☐ 名前のつづりを教えてください。
How do you spell your name?

> 💡 **プラスα** 発音上まぎらわしい場合は、M as in Michigan, O as in Oregonなど、だれでも知っている地名や固有名詞を使って説明することも。

☐ 名前の由来は何ですか?
Where does your name come from?

> 😊 **表現** come from... = ...に由来する

☐ その名前に特別な意味はありますか?
Does your name have any special meaning?

> ⭐ **カルチャー** special meaning = 特別な意味。表意文字(漢字)を使った日本人の名前は、その意味を説明するとおもしろがられる。普段から、その漢字がどんな意味があるのか、英語ではどう言い表すのかを調べておこう。

☐ 由美の美には「美しい」という意味があります。
I'm Yumi. The kanji "mi" means beauty.

☐ 何と呼べばいいですか?
What should I call you?

> 💡 **プラスα** はじめて会う相手をどう呼んだらよいのかわからないときは、素直に尋ねてみるとよい。Call me Matt.と言われたら、そのあとはファーストネームでOK。

WORLD REPORT ②

世界の English事情

国が変われば英語だって変わる

英語と聞くと、アメリカ、イギリス、オーストラリア、ニュージーランド、カナダなどがすぐに思い浮かぶが、世界ではじつに多くの国が、第一言語または第二言語として英語を使用している。公用語としては世界一で、外国語として学ぶ人まで含めると、その数は計り知れない。英語が「世界の共通語」といわれる理由だ。

いわゆるネイティブスピーカーと呼ばれる人の英語にも、国によって違いがある。アメリカとイギリスでは、発音はもちろん、単語のスペル、好んで使う表現まで異なる。アメリカでは、賃貸住宅は「apartment」、イギリスでは「flat」。地下鉄は、ニューヨークでは「subway」だが、ロンドンでは「tube ／ underground」。バーですてきな女性を見つけると、イギリス人は隣の友人に"I fancy her.（彼女、いかしてるな）"と言ったりするが、アメリカ人はそういう意味で「fancy」を使わない。発音やアクセントもかなり異なるので、アメリカ人俳優がイギリス人を演じるときは、それなりの苦労がある。

また、経済発展のめざましいシンガポールやインドでは英語が公用語として使われ、彼らの英語は流暢そのもの。独特のアクセントがあり、スピードが速いので聞き取るのに苦労するが、いったんその英語に慣れてしまえばアジア人どうし、心で通じ合う部分も多い。一方、ヨーロッパ人の英語は母語話者ほど速くないしスラングも滅多に使わないので、日本人には聞き取りやすい。第一言語のアクセントが癖として出やすいのも特徴のひとつだ。例えばフランス語ではhを発音しないので、フランス人が"I'm hungry.（お腹がすいています）"と言うと、"I'm angry.（怒っています）"に聞こえたり、「Haruoさん」は「アルオさん」に。あなたのジャパニーズ・アクセントも愛嬌のひとつくらいに考えてみてはいかが？

☐ 私のあだ名はピーチです。ピーチと呼んでください。

My nickname is Peach. Please call me that.

> 💡 プラスα I go by Peach.(私はピーチの名前で通っています)とも言える。

☐ おもしろい名前ですね。

That's an interesting name.

> ⭐ カルチャー ありがちな名前はcommon nameという。日本人の名前は海外の人にはめずらしい。Ichiro used to be a common name in Japan.(一郎は、日本では昔、よくある名前でした)などと、説明してみよう。

☐ かわいい名前だね。

What a lovely name.

☐ かっこいい名前！

Your name is cool!

出身地

☐ ご出身はどちらですか？

What country are you from?

> 💡 プラスα Where are you originally from?(もともとはどちらの出身ですか？)と聞くこともある。

☐ 日本です。

I'm from Japan.

☐ 日本のどこですか？

Where in Japan are you from?

> 💡 プラスα Which part of Japan are you from? と尋ねる場合も。

☐ 神奈川県の横浜です。

I'm from Yokohama in Kanagawa Prefecture.

> 💡 プラスα Prefecture ＝県。区＝Ward

☐ 中華街が有名なんです。
It's famous for its Chinatown.

☐ 私は江戸っ子です。
I'm an "Edo-kko." It means I was born and grew up in Tokyo.

> 💡 プラスα　海外にもI'm a Bostonian.（私はボストンっ子です）などの表現がある。

☐ 韓国人ではありません。日本人です。
I'm not Korean. I'm Japanese.

> ★ カルチャー　外見が似ているので、アジア系の人はみんな同じだと思っている欧米人も多い。日本の国名は知られているので、しっかりとI'm Japanese.（私は日本人です）と伝えよう。

☐ 僕はデンマーク人とのハーフなんですよ。
I'm half Japanese and half Danish.

> ❗ 注意　「ハーフ」というのは和製英語。

☐ 生まれ故郷はアメリカのどちらですか?
Where in America were you born?

☐ ロサンゼルスのサンタモニカです。
I was born in Santa Monica, LA.

> 💡 プラスα　…で育つ = grow up in… ／ be raised in…

居住地　　　　　　　　　音声 🎧 -15

☐ どこに住んでるんですか?
Where do you live?

> 🔵 文法　live = 住む。現に今「住んでいる」状態でも、動詞の進行形ではなく現在形を使う。

☐ 私は世田谷区に住んでます。
I live in Setagaya Ward.

☐ マンションに住んでます。
I live in a condo.

プラスα 「マンション」は和製英語。いわゆる分譲マンションはcondominium（略してcondo）、賃貸ならapartment。

☐ 最寄り駅から、徒歩5分です。
It's a five-minute walk from the nearest station.

文法 「車で5分」と言うときは、It's a five-minute drive from....。**five-minute** は形容詞として使われているので、複数形（minutes）にならない。

☐ 中央線沿いが便利ですね。
Anywhere along the Chuo Line is convenient.

プラスα 山の手線沿い＝along the Yamanote Line

☐ 住まいはサンフランシスコのどのへんですか?
Where exactly in San Francisco do you live?

プラスα 「住まいは東京のどのへんですか?」と聞かれたら、I live in Taito Ward. It's near the Sky Tree Tower.（台東区に住んでいます。スカイツリーのそばです）のように、具体的に説明するとわかりやすい。

☐ 彼女と同棲中です。
I live with my girlfriend.

☐ 友だちとルームシェアしてるんです。
I'm sharing my apartment with a friend.

カルチャー 海外ではアパートを他人とシェアすることが多いが、おもしろいのは異性どうしでもシェアすること。女性の友人にmy roommateということで紹介されたら、ルームメイトが男性だった! なんてことも。

☐ シェアハウスを運営しています。
I run shared housing.

プラスα run＝運営する。I run a NPO for street children.（ストリートチルドレンのためにNPOを運営しています）

☐ 遊びに来てくださいね!
Come visit us sometime!

プラスα Please stop by anytime!（いつでも寄ってね!）

☐ 何歳ですか?
How old are you?

☐ 何歳に見えますか?
How old do I look?

> ★カルチャー 日本人は実年齢より若く見られる。本当の年齢を言うと、びっくりされることも多い。

☐ 私は28歳です。
I'm 28.

> 💡プラスα I just turned 28 last Sunday. (先週の日曜日に28歳になったばかりです)

☐ あと1か月で32歳になります。
I'll be 32 in a month.

☐ 何年生まれですか?
What year were you born?

> 🔊文法 同じ年に生まれたことがわかったときは、Oh, we were born in the same year! (わあ、同じ年の生まれですね!)と言おう。「年」の前置詞はin、「日にち」はonなので注意。

☐ 1981年生まれです。
I was born in 1981.

☐ まだ未成年です。
I'm under 20.

> ⚠注意 英語でunder...と言うときは、その年は含まれない。つまりunder 20なら、19歳以下を指す。

☐ 私の3歳上ですね。
You are three years older than me.

> 💡プラスα ...years older(younger) than... = ...より...だけ年をとっている(若い)。
> You are three years younger than me. (私より3歳若いですね)

☐ 同い年ですね。
We are the same age.

☐ 年齢より若く見えますね。
You look young for your age.
> 😊 表現　for your age＝年齢のわりには

☐ 自分の歳(とし)は忘れてしまいましたよ……。
I forgot how old I am...
> 😊 表現　年齢を言いたくないときは、こう言ってはぐらかせるかも。

☐ 女性に年齢を尋ねるのは失礼です。
You shouldn't ask a lady her age.
> ⭐カルチャー　欧米では互いの年齢をあまり気にしない(それによる上下関係があまりない)
> ので、日本人ほど相手に年齢を尋ねない。男性が女性に年を質問するのは、
> もちろんタブー。

☐ 「酉年(とり)」生まれです。
According to the Chinese zodiac, I'm a "Bird".
> ⭐カルチャー　Chinese zodiac＝十二支。人間が動物に属すという考え方は海外の人にお
> もしろがられる。「あなたはDog(戌)よ」「彼女はWild boar(亥)だ」と教える
> と、場が盛り上がる。

☐ 星座は「獅子座(しし)」です。
My horoscope sign is "Leo."
> 😊 表現　horoscope sign＝(占星術の)星座

家族構成
音声
1 -17

☐ 何人家族ですか?
How big is your family?

☐ 4人家族です。
I live with my husband and two children.
> 😊 表現　英語に「何人家族」の表現はない。「夫と子ども2人です」のように具体的に答
> えよう。

☐ 弟と妹がいます。

I have a younger brother and a younger sister.

💡 **プラスα** 英語には兄弟、姉妹を区別する特定の単語はない。兄 = older brother、姉 = older sister

☐ 一人っ子です。

I'm an only child.

✏️ **文法** an only child = 一人っ子。the only child のように定冠詞がつくと、「何人かいる中で子どもは1人だけ」の意味になるので注意。

☐ お兄ちゃんがいてうらやましい。

I wish I had a brother.

✏️ **文法** I wish I had... = ...があるといいな。仮定法。

☐ おばあさんといっしょに住んでます。

I live with my grandmother.

💡 **プラスα** 祖父母 = grandparents、おじいさん = grandfather、おじさん = uncle、おばさん = aunt、いとこ = cousin

☐ 母子家庭で育ちました。

My mother raised me.

😊 **表現** raise = 育てる

☐ 親は離婚してます。

My parents are divorced.

趣 味

音声 1 -18

☐ あなたの国では何がはやっていますか?

What is trendy in your country now?

😊 **表現** trendy = 流行している

☐ 月並みですが、読書が趣味です。

Nothing special, but I like to read books.

😊 **表現** Nothing special = 月並みですが

趣 味

趣味は何ですか？

What do you like to do in your free time?

私の趣味は ☐ です

I like to ☐ .

ヨガ
do yoga

ベリーダンス
belly dance

コスプレ
do cosplay

マリンスポーツ
do water sports

メロドラマを観る
watch soap
operas

美術館に行く
visit museums

趣味

公園でジョギングする
jog in the park

カラオケで歌う
sing karaoke

イタリア料理を作る
make
Italian food

ポップスを聞く
listen to pop music

まんがを読む
read manga

37

☐ 週一でジョギングしています。

I jog once a week.

> 💡 **プラスα** 週2回＝twice a week、週3回＝three times a week

☐ オンラインゲームにはまってます。

I'm addicted to video games.

> 💡 **プラスα** be addicted to...＝...にはまる。into...という言い方もある。I'm into a new video game.（今、新しいゲームにはまっています）

☐ 多趣味ですね!

You're versatile!

> 💡 **プラスα** versatile＝多様性がある。This dress is versatile.（このドレスは多目的に使える）

☐ 趣味がないのが悩みです。

Unfortunately, I do nothing in particular in my free time.

> ⭐ **カルチャー** 欧米人は仕事以外の時間を大切にする。働いてばかりいて、仕事以外に何をしていいかわからないというのは、なかなか理解されない。

職業

音声 1-19

☐ お仕事は何ですか?

What do you do?

> 😊 **表現** What's your job? でもよいが、ややストレートに聞こえる。What do you do? のほうが一般的。

☐ なぜその仕事を始めたのですか?

Why did you choose that job?

> 😊 **表現** choose＝選ぶ

☐ 食品メーカーに勤めています。

I work for a food company.

> ⭐ **カルチャー** 勤めている会社がよほど有名でない限り、社名を出すことはない。とくに欧米では社名より業種または職種を述べることが多い。

◻ 営業をやってます。
I'm in sales.

> 💡**プラスα** in... = ...を専門にしている。I'm in marketing.（マーケティングをやっています）

◻ 公務員です。
I'm a civil servant.

> 😊**表現** civil servant = 公務員

◻ IT関係ですね?
You work for an IT company?

◻ 会社を経営しています。
I run a company.

> 💡**プラスα** manage a company とも言う。

◻ フリーランスです。
I'm freelancing.

> ⚠️**注意** freelance = 会社などに属さずフリーで仕事をする。ちなみに定職に就かずアルバイトで生計を立てる意味の「フリーター」は和製英語。

◻ 最近、仕事を辞めたばかりです。
I just quit my job.

◻ 育児休暇を取っています。
I'm on maternity leave now.

> ⭐**カルチャー** maternity leave = 育児休暇。ヨーロッパでは育児休暇が充実している国が多い。夫が育児に参加する時間も日本より長い。

◻ 失業中で、職を探しているところです。
I'm unemployed and looking for a job.

◻ ただ今、求職中です。
I'm between jobs.

> 😊**表現** between jobs = 「仕事と仕事の間にいる」という表現の仕方がおもしろい。

◻ 家事手伝いです。
I stay home and help my family.

☐ 主婦です。

I'm a homemaker.

> ⭐カルチャー 海外でも、育児休暇を取ったり、一時的に仕事を辞めたりして子育てに専念する女性が多い。近年では、専業主婦を意味するSAHM（stay-at-home mom）という言葉が流行語になっている。

☐ 大学3年生で経済を専攻しています。

I'm a junior at university. My major is economics.

政治・宗教観

☐ どの政党を支持していますか?

What political party do you support?

☐ あなたの国の政治状況は?

What is the present political situation in your country?

☐ 共和党を支持しています。

I'm a Republican.

> 💡プラスα アメリカは共和党 = Republican Party、民主党 = Democratic Party の2大政党。日本では自民党 = Liberal Democratic Party、民主党 = Democratic Party of Japan、社会民主党 = Social Democratic Party、共産党 = Communist Partyなど。

☐ 支持する政党はありません。

I'm an independent.

> 🙂表現 an independent = どの政党も支持しない人

☐ 今の政府に不満です。

I'm not happy with the recent administration.

> 🙂表現 I'm not happy with... = ...に不満である

☐ 新しい税改革に賛成です。

I'm for the new tax reform.

> 🙂表現 be for... = ...に賛成である

政治はよくわかりません。
I don't know much about politics.

⭐カルチャー ヨーロッパ人はとくに政治の話が好き。カフェでいろんな人たちが政治について議論する姿をよく見かける。どの政党を支持しているかと、その理由を説明できるようにしておきたい。

宗教は何を信じていますか?
What religion do you believe in?

あなたの信仰は?
Do you believe in any religion?

敬虔なキリスト教徒です。
I'm a devout Christian.

💡プラスα devout = 敬虔な。仏教徒 = Buddhist、イスラム教徒 = Muslim、ヒンズー教徒 = Hindu、ユダヤ教徒 = Jew

教会には行きますか?
Do you go to church?

⭐カルチャー 近年は教会に行かないキリスト教徒も増えている。How often do you go to church?(どのくらいの頻度で教会に行きますか?)と尋ねると、I never go.(まったく行かない)と答える人も少なくない。

禁じられている食べものはありますか?
Is there anything you are not allowed to eat?

⭐カルチャー 宗教上の理由から、イスラム教徒は豚肉を、ヒンズー教徒は牛肉をそれぞれ食べない。食事を出すときには気をつけて。

無宗教です。
I'm not religious.

❗注意 かつては「無宗教だ」と言うと不思議な目で見られた時代もあったが、今は海外でもそのような人が増えている。I'm an atheist.(無神論者です)と主張する人がいる一方、信心深い人の中には、そう言われると不快に感じる人がいるかもしれない。

イスラム教に改宗しました。
I converted to Islam.

😊表現 convert to... = ...に改宗する

起床

 音声 1 -21

☐ よく眠れましたか?
Did you sleep well?

😊 表現 sleep well＝よく眠る

☐ あんまり眠れませんでした。
I didn't sleep well last night.

☐ よく寝た。
I had a good sleep.

💡 プラスα I slept like a log.(丸太のように寝た)、つまり「よく眠れた」という慣用句もある。

☐ 起きなさい!
Get up!

💡 プラスα 「目覚める」はwake up。「明日朝7時に起こしてね!」と言う場合は、Wake me up at seven o'clock tomorrow morning, OK?

☐ わー! 寝坊した。
Oh my god! I overslept.

😊 表現 oversleep＝寝過ごす

☐ 目覚まし時計、かけ忘れたよ。
I forgot to set the alarm.

😊 表現 set the alarm＝目覚ましをセットする

☐ 眠いよお。
I'm so sleepy.

💡 プラスα I'm drowsy.という言い方もある。

☐ 今日は仕事へ行きたくないな。
I don't feel like going to work today.

😊 表現 don't feel like...ing＝...する気にならない

起床／身支度

☐ 歯を磨かなきゃ。
I have to brush my teeth.
💡 プラスα 顔を洗う = wash one's face

☐ 目やにがついてるよ。
You have sleep in your eyes.
😊 表現 sleep = 目やに。sleepと言うと、目やにもかわいい印象になる。

☐ シャワーを浴びてくる。
I'll take a shower now.
⭐ カルチャー 日本人はきれい好きで有名だが、ヨーロッパ人の中にはシャワーしか浴びない、それも週に2回だけという人もいる。湿気が少ない地域では、夜ではなく朝にシャワーを浴びる人も多い。

☐ 目が痛い。コンタクトが入らないよ。
My eyes are sore. I can't put my contact lenses in.
😊 表現 sore = 痛い

☐ 今日は会議がある。どのネクタイにしようかな。
Which tie should I wear for today's meeting?
⚠️ 注意 日本語ではネクタイと言うが、英語ではtieと言うので気をつけて。

☐ シャツにアイロンかけ忘れた。
I forgot to iron my shirt.
😊 表現 iron... = ...にアイロンをかける

☐ めがねはどこ行った?
Where are my glasses?
💬 文法 めがねのglassesは常に複数扱い。

☐ トイレ、早く出て!
Hurry up! I need to use the bathroom!
⭐ カルチャー トイレは海外では基本的に浴室内にあり、朝の時間帯は家族間で奪い合いになることも。

☐ 今日は朝ご飯いらないよ。
I don't need breakfast today.

通勤・通学　　　　　　　　　　　音声 1 -23

☐ 行ってきます！
See you later, honey！

⭐ カルチャー　夫婦や親子の日常会話でもよく使う。相手をhoneyと呼ぶのがほほえましい。

☐ 早く帰ってきてね！
Come back early, dear！

😊 表現　母親が子どもに「早くお帰り！」と言うときにもよく使う。

☐ 満員電車にも慣れました。
I got used to rush hour trains.

⭐ カルチャー　rush hour trains ＝ラッシュアワーの電車。日本の満員電車に慣れていない外国人はラッシュアワーを恐怖に感じるらしいが、近年はカメラを構えて楽しむ観光客も見かける。

☐ 痴漢です！
Pervert！

😊 表現　pervert ＝ 変態、痴漢

☐ ここは女性専用の車両です。
This car is only for women.

☐ チャージしなきゃ。
I need to charge my train pass.

⭐ カルチャー　train pass ＝（Suicaのように）お金をチャージできるカード。海外にもそのようなICカードはあり、サンフランシスコのベイエリアではClipper Cardというプリペイドカードが使われている。フランスのNAVIGOというパスのように、一定の金額をチャージすれば1か月乗り放題のものもある。

☐ 電車が遅れて、遅刻しました。
The train was delayed. Sorry for being late.

😊 表現　遅刻したら、I'm sorry.だけで済ませず、必ずその理由を述べよう。

THEME 4　一日の流れ〜昼

家事

音声 1 -24

通勤・通学／家事

☐ 洗濯しなくちゃ！
I've got a lot of laundry to do !

💡 プラスα　洗濯をする＝ do the laundry、掃除をする＝ do the cleaning

☐ 日本では、天気のよい日に布団を干すんです。
In Japan, people air out their futons when it's sunny.

⭐ カルチャー　air out... ＝ ...を空気にあてて干す。「futon」は海外でもポピュラーな言葉だが、床で横になるためのマットレスを指すこともある。

☐ 今日は燃えるごみの日です。
Today is a burnable trash day.

⭐ カルチャー　burnable trash ＝ 燃えるごみ。海外ではごみの分別をしない国もある。燃えないごみ＝ unburnable trash ／ inflammable trash

☐ 部屋がほこりだらけだ。
My room is so dusty.

💡 プラスα　My room is messy.（部屋を整頓してないから、汚いんだよ）

☐ ぞうきんがけするね。
I'll wipe the floor with a wet cloth.

😊 表現　wet cloth ＝ ぬれぞうきん

☐ 昼は残りもので済まそうよ。
Let's finish up the leftovers from yesterday's dinner.

⭐ カルチャー　leftovers ＝ 残りもの。日本なら、おかずの余りか、お茶漬けだが、欧米では前の晩のローストビーフをサンドイッチにしたりする。

☐ 仕事と家事の両立は大変です。
It's very hard to balance work and housekeeping.

😊 表現　balance A and B ＝ AとBをうまく両立させる。どこの国でも、仕事と家事を両立するのは大変。

45

☐ 今日の夕飯は何にしようかな。

What shall I cook for dinner?

⭐ カルチャー 海外では夕飯を準備するのが妻とは限らない。男性がバーベキューや簡単な料理をするのは、余暇が充実している海外ならでは。

オフィス

音声 1 -25

☐ お疲れさまです。

How was it?

☺ 表現 英語には日本語の「お疲れさまです」に相当する表現がない。もし同僚が外勤から戻ってきたら、How was it?(仕事どうだった?)と聞くほうがしぜんだ。

☐ 社内公用語は英語です。

The official language in our company is English.

☺ 表現 official language = 公用語

☐ 企画書を10部コピーしてください。

Can you make 10 copies of this proposal?

⚠ 注意 make copies = コピーをとる。take copiesとは言わない。

☐ 締め切りはいつでしょうか?

When is the deadline?

☐ 名刺を忘れず持って来てくださいね。

Make sure you bring your business cards, OK?

💡 プラスα 名刺はどこの国でもビジネス用に使う。切らしている場合は、I don't have my business cards with me today.と謝ろう。

☐ 例の案件はどうなってる?

What happened to the project we talked about?

☺ 表現 What happened to...? = ...はどうした?

☐ 君には期待してるよ。

I have a lot of expectations of you.

📖 文法 expectations = 期待。複数形になることに注意しよう。

46

☐ 内線番号は416です。

The extension number is 416.

😊 表現 extension number＝内線番号

☐ 14時からテレビ会議を始めよう。

Let's start the video conference at 2:00 p.m.

☐ 今日のお昼はお弁当です。

I brought a lunch box today.

⭐カルチャー lunch box＝弁当。海外では日本のようなお弁当は見かけない。自宅から持
参する場合は、簡単なサンドイッチと果物くらい。

☐ 企画が通りました！

My proposal got approved！

😊 表現 get approved＝通る、認められる

☐ 残業しなきゃ。

I'll have to do overtime today.

⭐カルチャー 海外でも仕事が忙しいときには残業する。しかし日本企業のように、上司の顔
色をうかがって社内に残ることはない。

☐ お先に失礼します。

I'm leaving now.

💡プラスα I'm going now.とも言う。

☐ 直帰します。

I'll just go straight home.

⭐カルチャー 海外では仕事のあとに、夜遅くまでバーなどで飲む習慣はあまりない。それで
も、金曜日の夜やハッピー・アワーにパブに出向き、社員どうしで上司の悪口
を言い合って憂さ晴らしをすることはある。

☐ 今週の日曜日は休日出勤なんだ。

This Sunday is a working day for me.

☐ ボーナスが下がったよ。

My bonus was cut.

💡プラスα My bonus increased.（ボーナスが上がった）

☐ 昇進が決まりました。

I got promoted.

> 😊 **表現** get promoted ＝ 昇進する

☐ 転職したいなー。

I want to switch jobs.

> ⭐ **カルチャー** switch jobs ＝ 仕事を変える。デンマークなど、一部のヨーロッパでは失業保険などの手当が厚く、仕事を頻繁に変える人も少なくない。

☐ それはセクハラですよ。

That's considered sexual harassment.

> ⭐ **カルチャー** 日本より海外のほうが、セクハラなどのハラスメントに対する意識は高い。パワハラ ＝ power harassment

---

学 校

音声
1 -26

☐ 出席を取ります。

I'll take attendance.

☐ 裕太は風邪でお休みです。

Yuta is absent because he has a cold.

> 💡 **プラスα** Mr. Sato is taking a sick day.（佐藤さんは病気のため欠勤です）

☐ この問題がわかる人は?

Can anybody answer this question?

☐ 田中先生、質問があります。

I have a question, Ms. Tanaka.

> ⭐ **カルチャー** 欧米では積極的に手を挙げるのがよしとされる。海外に留学したら、どんどん発言しよう。

☐ 明日から中間テストだ。

We'll have mid-term exams from tomorrow.

> 💡 **プラスα** 期末テスト ＝ final exam、入学試験 ＝ entrance exam。アメリカではセンター試験のような制度はなく、SATという全国共通の試験がある。

◯ 静かにしなさい。
Please be quiet.

◯ テストで100点取ったよ。
I got a 100 on the test.

💡 プラスα I failed the test. (赤点を取った)

◯ ノートのコピーさせて!
Can I copy your notes?

📖 文法 notes (メモ) は複数形。

◯ 代返、お願い!
Can you answer for me during roll call?

😊 表現 roll call = 出席取り

◯ もうすぐ体育祭だね!
I can't wait for our Sports Festival!

💡 プラスα can't wait for... = ...がすごく楽しみだ。文化祭 = Campus Festival

◯ サッカー部の先輩、かっこいい!
That varsity soccer player is cool!

⭐ カルチャー varsityは大学の代表チームのこと。チーム内では、先輩はupperclassmen、後輩はunderclassmenと呼ばれるが、通常は学生どうしで先輩・後輩という呼び方はしない。

◯ 卒論のテーマは何ですか?
What is the subject of your graduation thesis?

😊 表現 graduation thesis = 卒論

帰 宅

音声
1 -27

◯ お母さん、ただいま。
Mom, I'm home.

💡 プラスα 子どもが家に帰ってきて、Hi there! How was your day at school? (今日、学校どうだった?) と聞くのは、万国共通。

☐ お腹すいた。

I'm hungry.

💡 **プラスα** 「飢餓状態といえるほどお腹がすいている」と言いたいときは、I'm starved! を使う。

☐ おやつある?

Do you have any snacks?

⭐ **カルチャー** アメリカの典型的なおやつはアイスクリームやポテトチップスなど。日本のスナック菓子の充実ぶりに、外国人が驚くことは多い。

☐ 裕太の家に遊びに行ってくるね。

I'll be with Yuta at his house.

⭐ **カルチャー** 誘拐が多いアメリカでは、小さな子どもが1人で友だちの家に遊びに行くことはない。親が車で送り迎えするのが常識。

☐ お風呂にする? それともご飯?

Do you want to take a shower or eat dinner first?

⭐ **カルチャー** 欧米では、シャワーで汗を流してから夕食をとることはあるが、食事の前に風呂に入ることはめったにない。個人主義の欧米で、妻が夫に「お風呂? ご飯?」と尋ねることもほとんどない。

☐ とりあえずビールちょうだい。

I want to start off with beer.

😊 **表現** start off with... =とりあえず...から始める

食事の買い物・準備
音声 ① -28

☐ 夕飯はカレーライスにしよう。

We'll have curry and rice for dinner.

❗ **注意** 「カレーライス」は、和製英語。curry and riceと言わないと伝わらない。

☐ 今日は卵が特売だ。

Eggs are on sale today.

😊 **表現** on sale =セール中

○ 割引券を持っています。
I have some coupons.

○ レジ袋をもらえますか?
Can I have a bag?

💡プラスα ビニール袋＝plastic bag、紙袋＝paper bag

○ 玉ねぎを切ったら涙が出てきた。
Cutting onions made me cry.

○ 千切りにしなくちゃ。
I have to cut them into thin slices.

💡プラスα 薄く切る＝cut into slices、サイコロ状に切る＝cut into dice、みじん切りにする＝cut into tiny pieces

○ 解凍しておくね。
I'm going to defrost this.

😊表現 defrost＝解凍する

○ お米といでおいて!
Rinse the rice, please!

⭐カルチャー 海外でriceは野菜という概念。大皿に肉や野菜といっしょに盛りつけて食べることが多い。白いご飯には、ソースやしょうゆをかけて食べる人も。

○ 最初は強火ね。
First, turn the stove on high heat.

💡プラスα 中火＝medium heat、弱火＝low heat

○ 味噌を切らしてた。
We've run out of miso.

💡プラスα run out of...＝...を切らす。塩＝salt、こしょう＝pepper、砂糖＝sugar

○ お鍋をこがしちゃった。
I completely burned the pot.

○ 夕飯の支度を手伝って!
Help me prepare dinner!

食事

音声
1 -29

☐ ご飯よ!

Dinner's ready!

⭐カルチャー 欧米では、敬虔なクリスチャンは食事の前にお祈りをするが、一般的にはとくに決まり文句はない。食事会などでBon appetit!(ボナペティ)と言って食べ始めることがあるが、これはもともとフランス語で「たんと召し上がれ!」の意味。

☐ 何飲む?

What do you want to drink?

☐ 好き嫌いはいけません。

You shouldn't be picky about food.

💡プラスα picky about... = ...にこだわる。particular about...も同じような意味。He is particular about music.（彼は音楽にはうるさい）

☐ 残さず食べなさい。

Don't leave anything on your plate.

☐ オムレツ、とってもおいしい!

This omelette is so delicious!

💡プラスα This dish is tasty.（この料理はうまい）、This fish tastes good.（この魚はうまい）

☐ 僕の大好物のハンバーグだ。

You cooked my favorite hamburger steak for me!

☐ おかわり!

Can I have more?

☐ お腹がいっぱいだから、もういらない。

No, thanks. I'm full.

☐ ちょっと味が薄いね。
It's bland.

💡プラスα It's tasteless.（味がない）という表現もある。

☐ もう少し塩がきいてるといいね。
I think this dish needs a little more salt.

☐ 今日は、出前をとろうか?
Should we have dinner delivered today?

⭐カルチャー 海外でもデリバリーは人気。とくにピザ、すし、中華などがポピュラー。

☐ 箸づかいが上手だね!
You're so good at using chopsticks!

🙂表現 good at...ing = ...が得意

バスタイム
音声 1 -30

☐ ああ、さっぱりした。
I feel so refreshed after showering.

⭐カルチャー feel refreshed = さっぱりする。海外では日本のように熱い湯につかる習慣はない。シャワーでさっぱりするのが一般的。

☐ ちょっとお湯が熱いね。
I think the water is a little too hot for me.

⭐カルチャー 外国人が温泉に入ると、ほとんどの人がお湯が熱くてびっくりする。海外では比較的ぬるめ(lukewarm)の湯につかることが多い。

☐ 入浴剤は何にする?
What kind of bath salts do you want?

🙂表現 bath salts = 入浴剤

☐ シャンプーが切れてたよ。
We don't have any shampoo left.

💡プラスα We are running out of shampoo.（シャンプーが切れてるよ）。リンス = conditioner

☐ 湯あたりしちゃった。
The hot bath made me dizzy.

😊 **表現** dizzy ＝めまいがする

☐ 銭湯に行ったことはありますか?
Have you been to a public bath?

⭐ **カルチャー** public bath ＝銭湯。外国人がめずらしがるのが銭湯。注意しないと、水着で湯船に入ってしまう人もいる。

☐ 風呂上がりのビールは格別だね!
A beer just after a bath is so refreshing!

⭐ **カルチャー** 湯上がりのビールがおいしいのは、熱い湯が好きな日本人だからこそ。ただし外国人も日本の風呂に入れば、ビールが欲しくなるだろう。

リラックスタイム

音声 1 -31

☐ 甘いもの食べちゃおう。
I want something sweet now.

💡 **プラスα** 温かいもの ＝ something hot、軽いもの ＝ something light

☐ アロマでも焚いて気分転換しよう。
I'll relax by lighting aroma candles.

☐ 録りためたドラマを見ようっと。
I'll watch the dramas I recorded now.

☐ お笑い番組を見るとほっとします。
Comedy shows help me to unwind a lot.

😊 **表現** unwind ＝リラックスする

☐ 村上春樹の小説でも読もうかな。
I'll read a book by Haruki Murakami. He's my favorite.

⭐ **カルチャー** Haruki Murakamiの著書は、英語のほか各国語で出版され、海外でも有名。1冊でも何か読んでおくと、話題に困らない。

☐ 親友との長電話がいちばん癒やされる。
Long-distance calls with my best friend warm my heart.

> 😊 表現 warm one's heart ＝ 心を温める、つまり癒やす。

☐ 子どもの寝顔を見ると疲れも吹き飛びます。
All of my stress goes away just by looking at my children's sleeping faces.

> 😊 表現 go away ＝ どこかへ行ってしまう

☐ ぼーっとするのが、いちばんのストレス発散です。
Zoning out is the best way to relieve stress.

> 💡 プラスα zone out ＝ ぼーっとする。space out とも言う。Spacing out is the best way to get rid of stress.（ぼーっとするのがストレス解消にはいちばん）

☐ 寝る前に瞑想するとよく眠れます。
I can sleep well if I meditate before going to bed.

> 😊 表現 meditate ＝ 瞑想する

就寝

音声 1 -32

☐ おやすみなさい。
Good night.

☐ ぐっすり眠ってね！
Sleep tight！

> 😊 表現 家族や親しい人に対して使おう。

☐ いい夢みてね！
Sweet dreams！

> 💡 プラスα 母親がベッドに入った子どもによく言う他の表現は、Don't let the bed bugs bite！（ベッド虫にかまれないようにね！）

☐ ああ、眠れないなあ。
Ugh, I can't sleep.

> 😊 表現 Ugh,... ＝ ああ……（嘆きながら）

☐ 睡眠薬を飲もうかな。

I might take a sleeping pill.

😊 表現 sleeping pill ＝ 睡眠薬

☐ 夜中に何度もトイレに行きます。

I often get up at night to go to the bathroom.

☐ 歯ぎしりがひどいよ。

You grind your teeth so loudly.

💡 プラスα grind one's teeth ＝ 歯ぎしりをする。いびき ＝ snore

☐ 寝言を言ってたよ。

You were talking in your sleep.

😊 表現 talk in one's sleep ＝ 寝言を言う

☐ いびきがうるさかったよ。

Your snoring disturbed my sleep.

☐ あれ、起こしちゃった?

Oh, did I wake you up?

☐ 寝相が悪いの。

I toss and turn a lot in my sleep.

😊 表現 toss and turn in one's sleep ＝ 寝相が悪い

☐ 寝ぐせがついちゃった。

I have bed hair.

😊 表現 bed hair ＝ 寝ぐせ

☐ エアコンのタイマー、セットして。

Set the timer for the air-conditioning.

☐ 目覚まし時計をかけなきゃ。

I have to set the alarm clock.

😊 表現 set ＝ (目覚まし時計などを)セットする

CHAPTER 2

ちょっとした一言・
感情表現

THEME 6 天気・季節

天気

音声 1 -33

☐ ふう。今日は暑かったね!
Whew! It was such a hot day!

😊 表現 Whew!＝ふう。不快感のあとでほっとしたようなときに。

☐ 日本は湿気が多いんです。
We have a lot of humidity in Japan.

☐ 過ごしやすいお天気ですね。
The weather is pleasant.

⭐ カルチャー 過ごしやすい気候は国によって異なる。湿気の多い日本ではからっとした天気が、くもりや雨の多い北ヨーロッパでは晴れ(sunny)がそれぞれいちばんうれしい。晴れて気もちのいい日には、It's a lovely day!と言う。

☐ 降水確率は60%だよ。
The chance of rain is 60%.

😊 表現 the chance of...＝...の確率

☐ にわか雨が降るみたい。
We might get a sudden shower today.

😊 表現 sudden shower＝にわか雨

☐ どしゃ降りになるらしい。
It's going to be pouring rain.

❗ 注意 pouring rain＝びしょびしょになるほどの雨。かつて学校の授業で教わったrain cats and dogsは、かなり古い表現で今は使わない。

☐ 雨がまったく降らない。今年の夏は水不足だ。
No rain... I'm sure we'll have a water shortage this summer.

⭐ カルチャー 日本は梅雨があり、水資源にも恵まれている。世界には、降雨が少なく、水がとても貴重な地域がある。

◯ 今朝は少し霜がおりたよ。

We have a slight frost this morning.

😊 **表現** slight frost ＝ 少しの霜

◯ 北海道では初雪が降ったって。

They had the first snow in Hokkaido.

◯ 寒さがやわらいできましたね。

I think it's getting milder these days.

💡 **プラスα** get milder ＝ 寒さがやわらぐ。少し暖かくなる ＝ get warmer

◯ 近くに雷が落ちたみたい。

Looks like lightning struck somewhere nearby.

😊 **表現** lightning ＝ 雷

◯ 台風6号が来てますね。

Typhoon No.6 is approaching.

⭐ **カルチャー** アメリカではtyphoonではなく、hurricaneという。ハリケーンには女性の名前がつくことが多い。2005年にアメリカ南部を襲ったHurricane Katrina（ハリケーン・カトリーナ）は甚大な被害をもたらした。

◯ 蒸し暑いですね。

It's so muggy.

💡 **プラスα** べたべたする ＝ sticky、湿気が多い ＝ humid

◯ 乾燥してるから火事に注意。

The air is so dry. Watch out for fires.

⭐ **カルチャー** ラスベガスがあるアメリカ西岸南部では、よく山火事（mountain fire）が起こる。消防士（fireman）はアメリカで尊敬される職業のひとつ。

◯ ぽかぽか陽気ですね。

It's warm and sunny today.

💡 **プラスα** 寒くてくもりの日は、It's cold and cloudy. We have such gloomy weather. It's so depressing!（嫌な天気だね。気分がめいるよ）

◯ じめじめしてるなあ。

It's so damp and humid.

⭐ **カルチャー** damp ＝ 湿っている。アメリカ南部は日本同様、夏は蒸し暑いところが多い。

天気

☐ 見て! 虹が出てるよ。
Look at the rainbow over there!

季 節

☐ 日本には四季があります。
We have four distinct seasons in Japan.

> ★カルチャー 東南アジアのように、日本は「常夏の国」と勘違いしている外国人は多い。特徴のはっきりした4つの季節があることを説明しよう。

☐ 今、あなたの国の季節は何ですか?
What season is it in your country now?

> 💡プラスα オーストラリアなど南半球では、日本と季節が正反対になる。

☐ 桜の季節ですね。
It's the season for cherry blossoms.

☐ 花より団子というよね。
Bread is better than the song of a bird.

> 😊表現 「花より団子」は、花見をする日本ならではのことわざ。このフレーズは同じ意味合いで、直訳は「鳥のさえずりよりパンのほうがよい」。

☐ 春一番が吹きました。
We've had our first spring storm.

☐ 花粉症は大丈夫ですか?
How's your hay fever?

> 💡プラスα hay fever = 花粉症。My nose won't stop running.(鼻水が止まらない)

☐ 梅雨は憂鬱だな。
The rainy season is so depressing.

☐ 今年のすいかはおいしいですね!
Watermelons this year are extremely good!

◯ 夏はやっぱりかき氷に限るね!
I love to eat "kakigori" in the summer!

💡 **プラスα** かき氷は、It's shaved ice topped with sweet syrup.（薄く削った氷に甘い
シロップをかけたもの）と説明しよう。

◯ 猛暑が続いて熱中症になった。
I got heat stroke because of the terrible heat wave.

💡 **プラスα** heat stroke＝熱中症。脱水症状＝dehydration

◯ 夏休みのご予定は?
What're your plans for the summer holidays?

◯ 秋めいて来ましたね。
Looks like fall is coming.

💡 **プラスα** 春めいてきたなら、Spring is around the corner.（春はもうそこまで来ているよ）

◯ 今年は暖冬らしいよ。
We are going to have a mild winter this year.

💡 **プラスα** 冷夏＝cool summer、酷暑＝extremely hot summer、厳冬＝severe winter

◯ 冬至にはゆず湯に入ろう。
Let's put a few slices of "yuzu" in our hot bath on the winter solstice day.

💡 **プラスα** winter solstice day＝冬至。夏至＝summer solstice day。冬至のゆず湯は日本特有の習慣なので、It's a traditional Japanese custom to have a few slices of "yuzu" lemon floating in a hot bath, because it warms and relaxes us on a cold winter day.（ゆず湯は体を温めてリラックスさせてくれる昔からの習慣）と説明してみよう。

◯ もうすぐお正月。
It'll soon be New Year's.

⭐ **カルチャー** 日本ではお正月が一年でいちばんにぎやかな行事だが、キリスト教の国では12月のクリスマスが大きなイベント。大みそかは祝うが、正月休みも短く、とくに何もしない人が多い。

気のきいた一言

食べものや体の一部を使った慣用句

音声 i -35

☐ 朝飯前さ。

It's a piece of cake.

😊 表現 「簡単だよ」という意味で、ネイティブがよく使う表現。

☐ 本が飛ぶように売れてるって!

The book is selling like hotcakes!

💡 プラスα この場合のhotcakeは薄いパンケーキのこと。昔、お祭りなどでたくさん焼いたことから、このようにいわれている。

☐ 彼は手ごわいよ。

He's a tough cookie.

😊 表現 tough cookie ＝硬いクッキー。つまりしっかりしていて、しぶとい人のこと。

☐ 彼らはいつもいっしょ!

They are like two peas in a pod!

😊 表現 two peas in a pod ＝さやに入った2個のグリーンピース。つまりいつもいっしょにいて、行動をともにするほど仲のよい人たちを指す。

☐ だらしないなあ!

Don't be a couch potato!

😊 表現 couch potatoは、ソファに寝そべってテレビを見ながらスナックを食べてばかりいるような人のこと。

☐ 不器用なんです。

I'm all thumbs.

😊 表現 手が親指だらけ。つまり「不器用」という意味になる。

☐ 一生懸命、聞いています。

I'm all ears.

😊 表現 耳だらけ、つまり耳を傾けて一生懸命聞いているという意味。

気遣い

音声 1 -36

☐ 大丈夫?
Are you alright?

> 💡 **プラスα** alright は「大丈夫」のall rightを縮めたもの。

☐ 大丈夫だよ。
I'm fine.

☐ 問題ないよ。
No problem.

☐ 気をつけて帰ってね!
Be safe!

> ⭐ **カルチャー** アメリカでは車で移動することが多い。別れ際には、ドライバーにDrive safely!(運転気をつけて!)と声をかけることも。

☐ 寒くありませんか?
Aren't you cold?

> 💡 **プラスα** I'm freezing!(超寒い!)

☐ 待った?
Did I make you wait?

> 😊 **表現** make someone wait =だれかを待たせる

☐ 楽しんでますか?
Are you having a good time?

> 💡 **プラスα** 外国人がパーティーでさみしそうにしていたら、こんなふうに声をかけてあげて!

☐ 気分悪くない?
Are you feeling OK?

> 😊 **表現** feel OK =気分がよい

☐ お仕事がんばってください。
Good luck with your work.

> 😊 **表現** Good luck with... = ...をがんばって

食べものや体の一部を使った慣用句／気遣い

63

☐ それは心配だよね。

I understand how you feel.

☺ 表現　I understand...と相手の気もちになることが大切。

☐ ズボンのチャックが開いてるよ。

Your fly is open.

💡 プラスα　ズボンのチャックが開いているのを注意するときに使う。普通にYour zipper is open.とも言える。

☐ タメぐちでオーケーだよ。

You can talk to me in a more casual way.

☺ 表現　「タメぐち」という英語はないが、相手があまりに硬くなっているなら、こんなふうに言ってあげよう。

☐ 楽にしてね。

Take it easy and relax.

☺ 表現　リラックスをモットーとするアメリカ人らしい表現。プレゼンの前など、緊張している相手に声をかけてあげて。

☐ 肩の力を抜いて。

Take a deep breath and you'll be OK.

☺ 表現　take a deep breath = 深呼吸する

☐ 疲れてませんか?

Aren't you tired?

💡 プラスα　アメリカ人は体力があるので、「疲れてない?」と尋ねると、たいていI'm alright!(大丈夫!)と返してくる。I'm a bit tired but I'm OK.(ちょっと疲れているけど、大丈夫)を覚えておくと重宝しそう。

☐ 一休みしない?

Shall we take a break?

☺ 表現　break = 一休み

☐ おだいじにね!

Take care!

☐ おだいじにしてください。

Take care of yourself.

THEME 8 ネガティブな表現

うわさ話

音声 1 -37

うわさ話

☐ ただのうわさですよ。

It's just a rumor.

⭐ カルチャー rumor ＝ うわさ。うわさ話が大好きなのは万国共通。

☐ 根も葉もない話です。

The rumor is groundless.

☺ 表現 groundless ＝ 根拠がない

☐ そのうわさは聞いてるよ。

That rumor has been going around for a while.

☺ 表現 go around ＝ 広まる

☐ うわさをすれば影だね……。

Speak of the devil...

☺ 表現 「うわさをしていたらその人が現れた！」は、英語にも似た表現がある。

☐ うわさが広がるのは速いね。

Rumors spread fast.

💡 プラスα Rumors spread like wildfire.（山火事のようにうわさは広まる）とも言う。

☐ 風の便りに聞いたのですが……。

A little bird told me...

💡 プラスα 風の部分が、英語では小鳥なのがおもしろい。I heard it through the grapevine（ぶどう畑）とも。

☐ 彼女に話したら、言いふらされるよ。

She likes to gossip.

💡 プラスα gossip ＝ うわさ話をする。アメリカの『ゴシップガール』は日本でも人気の海外ドラマ。

☐ 彼は口が軽いから、気をつけて。

He's a big mouth.

□ 彼女、最近どうしてるの?
Is there any news about her?
😊 **表現** news =（この場合は）新しい情報

□ あれからどうなった?
Anything new since then?

□ ひそひそ話そう。
Let's whisper.
😊 **表現** whisper = ひそひそと話す

□ ねえねえ、知ってた?
Hey, did you know?

□ 聞いて驚かないで!
I have great news!
💬 **文法** great news = びっくりするようなこと。newsは常に単数扱い。

□ 内緒だよ。
Keep it a secret.

□ だれにも言わないでね。
It's between you and me, alright?
⭐ **カルチャー** between you and me =（秘密などを）我々だけの間にとどめる。「ここだけの話にしてね」と口止めするのはどこの国も同じ。

□ これ、本当の話だよ。
This is a true story.

□ 何も知らないくせに。
You don't know that.
😊 **表現** 「あなたが知るわけがない!」と少しきつい口調で言うときに。

□ 正直に言ってよ!
Don't be secretive!
💡 **プラスα** 陰でだれかの悪口を言う = talk about someone behind one's back

□ 人前でげっぷしないで!
Don't burp!

> ⚠ **注意** burp＝げっぷをする。人前でげっぷをするのは、もちろん失礼な行為。万が一出てしまったらAh, excuse me.と謝ろう。

□ だれかおならした?
Did someone fart?

> ★ **カルチャー** fart＝おならをする。日本同様、海外でも人前でおならの話はしない。ただし夫婦の間で、Did you fart?(おならしたでしょ?) No, I didn't!(してないよ)とふざけることも。

□ ふけがすごいから、気をつけて。
You need to do something about your dandruff.

> 💡 **プラスα** dandruff＝ふけ。目やに＝sleep in someone's eye、鼻くそ＝boogers, mucus、耳あか＝ear wax

□ ちょっと! 鼻毛が出てるよ。
Watch out for your nasal hairs. They're showing.

> 😊 **表現** nasal hairs＝鼻毛

□ 鼻水が止まらない。
My nose won't stop running.

□ 下痢がおさまりません。
I've had diarrhea for days.

> 💡 **プラスα** I have loose bowels.という言い方もある。便秘の場合は、I'm constipated.

□ ゆうべは飲み過ぎて吐いちゃった。
I had too much to drink last night and threw up.

> 💡 **プラスα** I puked last night!(昨日の夜、吐いちゃった!)というカジュアルな表現も。二日酔いはhangover。

□ 歯に海苔(のり)がついてるよ。
You have "nori" in your teeth.

☐ 2日間、風呂に入ってないんだ。
I haven't taken a bath for two days in a row.

⭐カルチャー in a row = 続けて。湿度の低い北ヨーロッパでは頻繁には風呂に入らない
人もいる。2日間くらい入浴していなくても、驚くことはない。

☐ 犬のうんちを踏んじゃったよ。
Oops, I stepped in dog poo.

😊表現 poo = うんち

☐ 鳥のふんに気をつけて!
Watch out for bird droppings!

☐ 唾を道端に吐かないでよ。
Don't spit on the road.

😊表現 spit = 唾を吐く

☐ 公衆トイレが汚い。
That public toilet is filthy.

悪口・悪態　　　　　音声 1 -39

☐ 最悪!
Damn!

☐ ばかじゃないの。
You're stupid.

❗注意 映画では、Fuck you. ／ Shit !などのスラングが頻繁に出るが、しつけの厳し
い家庭では、親にたしなめられる。うっかり言うと、けんかを売っているのかと
勘違いされかねないので注意。

☐ ひどいわ!
You are the worst!

💡プラスα the worst = 最低の人。口語でYou stink ! などとも言うが、この場合は臭い
という意味ではなく、「やなやつ」の意味。かなりきつい表現だが、若者どうし
が冗談で言うことも多い。

☐ ばか!
Idiot!

☐ 最低。
You're disgusting.

> 😊 **表現** disgust ＝ 相手の気分を悪くさせる

☐ 精神年齢が低いんじゃない?
You are acting like a child.

> 💡 **プラスα** act like a child ＝ 子どものようにふるまう。「あんたって子どもっぽいわね」と相手を諭すときに使う。わがままが過ぎる人に対して、I think you are spoiled.（君って、甘やかされてるね）とも言う。

☐ やれやれ……。
Oh, my...

☐ あいつってむかつく。
He makes me sick.

> 😊 **表現** 「あの人かなり頭にくるよね」と言うときに。

☐ けんか売ってるの?
Are you picking a fight?

> 😊 **表現** pick a fight ＝ けんかを売る

☐ もういいよ!
That's enough!

> 😊 **表現** 「もう充分だ、やめてくれ」というニュアンス。

☐ いいかげんにしろよ。
Give me a break.

> 😊 **表現** ネイティブがよく使う、極めてカジュアルな表現。break（小休止）をくれ、つまり、いいかげんにしてくれないか、という意味。

☐ 無視しよう。
Let's ignore him.

> 😊 **表現** ignore ＝ 無視する

悪口・悪態

感情表現

うれしい

- [ ] とってもうれしいです。
I'm just so happy.

- [ ] 超うれしい。
I'm more than happy.
  > 😊 表現 more than happy = うれしい以上にうれしい。つまり「超うれしい」ということ。

- [ ] 感動した！
I was so impressed！
  > 😊 表現 be impressed = 感激する

- [ ] 最高だったよ。
I was blown away.
  > 😊 表現 何かがあまりにすごくて、「風に飛ばされそうなくらい感激したよ」というときに使う。ユーモアにあふれた表現。

- [ ] 夢みたい！
This is like a dream！

- [ ] きゃあ！
Wow！
  > 😊 表現 うれしいときや感動したときに、ネイティブがよく使う表現。

- [ ] イエーイ！
Yay！
  > 💡 プラスα 「やったね」という感じ。Yay, I finally get to see him.（やったあ、ついに彼に会えるわ！）

- [ ] やったあ！
We did it！
  > 😊 表現 みんなでいっしょにやっていたことが、ついに完遂したときなどに使える。「やったね！」という感じ。

☐ **光栄です。**
I'm so honored.
☺ 表現 賞を獲得した際など、栄誉を感じたときに使おう。

☐ **胸が高鳴ります。**
My heart is pounding.
☺ 表現 pound = 高鳴る

☐ **胸がいっぱいです。**
I'm overwhelmed.
☺ 表現 be overwhelmed = 圧倒されるくらい感激する

うれしい／楽しい

☐ **じーんときました。**
I'm so moved.
☺ 表現 be moved = (映画や本のストーリーなどに)感動する

☐ **まだ信じられません。**
I still can't believe it happened.

☐ **とても幸せです。**
I couldn't be happier.
☺ 表現 couldn't be happier = これ以上幸福なことはない

☐ **涙が出るほどうれしい。**
I'm so happy I could cry.

楽しい
音声 1 -41

☐ **楽しい!**
It's fun !
✐ 文法 このfunは形容詞的に使われる不可算名詞。aをつけないこと。

☐ **楽しんでますよ。**
I'm having a great time.
☺ 表現 have a great time = すごく楽しむ

笑う国？
笑わない国？

営業スマイルは
日本だけ？

　人間は表情をつくって笑える唯一の動物だ。ここで取り上げる「笑う国、笑わない国」とは、どこそこで生まれたから笑う、笑わないの話ではない。公の場でどのくらいニコニコと愛想がよいか、そうでないかの話だ。

　北京オリンピックが開催されたとき、ホスト国中国では一般大衆が見知らぬ人に笑顔をつくらないことが問題となった。オリンピックを観に訪れる外国人に対して笑わない大衆を、どうやって笑わせるか関係者たちが大いに頭を悩ませたのだ。

　意外かもしれないが、ヨーロッパのスーパーや大衆レストランでは、一般的に営業スマイルを見るのはめずらしく、愛想の悪く見える従業員もいる。そんな対応に遭遇した日本人旅行者の中には、「失礼な国民だ」「人種差別に遭った！」などとこぼす人がいる。しかし個人的に話しかけてみると、彼らはたいてい愛想がよく、チャーミングな笑顔で応対してくれる。要は世界のどこへ行っても、誠意をもって近づけば相手も同じように対応してくれるということ。おそれず、まずは話しかけてみよう。

一対一で
フリーズする日本人

　では、日本人は外国人の目にどう映っているのだろう？　日本を訪れる外国人は概して、店やレストランでの接客や従業員の愛想のよさに感動するという。懇切丁寧な接客や「おもてなしの心」は、海外ではかなりめずらしいのだ。

　一方、最近の日本はグローバル化しつつあるが、一般の人が外国人と接触する機会はまだ少ない。急に話しかけられたら、まるで宇宙人に話しかけられたかのように驚いてしまうのも無理もない話だ。びっくりして固まってしまい、いつもは笑顔なのに無表情で黙ってしまう人、「ノー、ノー」と手を振りながら謎の笑顔を振りまく人、日本語で話しかけられているのになぜか英語で答える人。そのような態度をとる日本人を街でよく見かける。

　ではどうしたらよいのか？　答えは簡単。じつは彼らも、こちらをおそれているという事実を知ることだ。見知らぬ国で、漢字で書かれた看板も読めず、耳に入ってくる日本語は何と言っているのかさっぱりわからぬ。そんな状況を想定してみよう。だから、勇気を振りしぼって尋ねてくる外国人に対して、こちらもあわてず大人の対応をすればよい。

　著者は以前、フランスの田舎でホテルの場所がまったくわからず、困ったことがある。しかし、あることで救われた。まったく英語の通じないフランス人のおばあさんに紙とペンを渡し、わずかに知っていたフランス語で「ホテルの名前」「地図」「ここに描いて」と伝え、ホテルへの地図を描いてもらったのだ。そして素朴な地図のとおりに行ったらすぐにホテルが見つかった。著者のフランス語はあやしいものだったが、笑顔が救ってくれたのである。要は相手も同じ人間。営業スマイルではなく、一対一でのコミュニケーションで上手に笑顔を使えるようにしたいものだ。

☐ 超楽しみです。

I'm looking forward to it so much.

🔵 文法 look forward toのあとには、名詞または動詞のing形がくる。

☐ 楽しみにしてました。

I've been waiting for this for a long time.

🔵 文法 今の時点までずっと待っていたので、have beenと現在完了になる。

☐ 楽しみ過ぎて眠れません。

I'm too excited to sleep.

😊 表現 too...to... = ...過ぎて...できない

☐ ヤッホー!

Yahoo!

☐ 絶好調だよ。

I couldn't be better.

☐ 興奮しています。

I'm so thrilled.

😊 表現 thrilled = 興奮している、わくわくする

☐ どきどきしてきちゃった。

I have butterflies in my stomach.

😊 表現 緊張して胃の中に蝶がいるように感じる、というユーモアのある表現。

☐ この時間が永遠に続くといいな。

I wish this moment could last forever.

🔵 文法 I wishのあとは、助動詞のcanが過去形のcouldになる。

☐ 楽しくて時間を忘れちゃった!

I was so into it, I lost track of the time!

😊 表現 be into... = ...に夢中になる。lose track of... = ...を見失う

☐ 帰りたくない。

I wish I could stay here longer.

□ ランランラン（鼻歌）。
Hmm hmm hmm...

💡 プラスα　日本語には擬声語、擬態語が多い。同じ意味でも、英語と日本語では音が異なることに注目。よくまんがに出てくる、いびきの「ぐーぐー」は英語で"ZZZ..."、食べているときの「むしゃむしゃ」は"munch, munch..."と表す。

悲しい

音声 i -42

□ 悲しいです。
I'm sad.

😊 表現　sad＝悲しい

□ つらいよ。
It's just so hard for me.

💡 プラスα　失恋して立ち直れないときなどに使う。「もうこれ以上無理」と言うときは、I can't take it any more.

□ がっかりだよ。
I'm disappointed.

😊 表現　be disappointed＝がっかりする

□ 本当に残念です。
I'm very sorry.

💡 プラスα　sorryは謝罪だけでなく、相手に同情を示すときにも使える。

□ 恥ずかしかったあ。
I was so embarrassed.

💡 プラスα　be embarrassed＝恥ずかしい思いをする。It was so embarrassing！（超恥ずかしかったよ！）

□ 恥をかかされたよ。
They humiliated me.

⭐ カルチャー　humiliate＝侮辱する。It was so humiliating！（とても恥ずかしい思いをさせられた！）。人前で辱めを受けるのは耐えられないという欧米人は多い。みなの前で社員を叱責するようなことは避けたほうがよい。

75

☐ ショックでした。

I was so shocked.

😊 表現 be shocked ＝ショックを受ける

☐ この気もち、他人にはわかりません。

Nobody understands how I feel.

😊 表現 Nobody understands... ＝だれも...しないだろう

☐ 泣いてばかりです。

I can do nothing but cry.

😊 表現 can do nothing but... ＝...以外にできない

☐ 悲しくて胸がいっぱい。

I've got a lump in my throat.

😊 表現 get a lump in one's throat ＝のどにこぶができた。そのくらい悲しみで胸がいっぱいという意味。

☐ はあ……。

(Sigh...)

😊 表現 sigh ＝ため息

☐ 悔しくてしょうがないよ。

I could have done better.

📘 文法 could have done better ＝もっとよくやれたはず。could have＋過去分詞は仮定法。「あのとき〜すればよかった」と後悔する意味になる。I could have been nicer to her.（あのとき彼女にやさしくすればよかった）

☐ さみしいな。

I'm lonely.

☐ 悲しみから抜け出せません。

It's so hard to get over this.

😊 表現 get over... ＝...を克服する

☐ 悲しくて涙が出そう。

I'm so sad I could cry.

☐ キャー！
Ahh !
😊 表現　同じ気もちを表す単語でも、日英の擬音語はこんなに違う。

☐ 怖い！
Scary !
💡 プラスα　I'm scared.（怖いよう）

☐ なんておそろしい！
How awful !
😊 表現　awful＝おそろしい

☐ 我慢できない！
I can't stand it !
😊 表現　stand＝我慢する

☐ 助けて！
Help me !
⭐カルチャー　海外で強盗に遭ったら、こう叫ぶほかない。こんな事態に陥らないためにも、危ない場所には近寄らないのがいちばん！

☐ 見るのも嫌。
I hate even seeing it.
😊 表現　hate＝大嫌い。かなり強い言葉だが、この文脈では適当。

☐ 聞きたくない。
I don't even want to hear about it.
😊 表現　don't even want to...＝...すらしたくない

☐ 冷や汗が出るよ。
I'm so scared I'm sweating.

☐ 考えるとお腹が痛くなる。
Just thinking about it makes me sick.

☐ こわくて寝られない。
I'm too scared to sleep.

☐ ひとりにしないで!
Don't leave me alone !

> 😊 表現 leave someone ＝ だれかを置き去りにする

☐ 身の毛がよだつ出来事でした。
It made my hair stand on end.

> 💡 プラスα make one's hair stand on end ＝ 身の毛がよだつ。日本語と英語で表現がよく似ている例。ちなみに、日本語の「鳥肌が立つ」に似た表現としては、I got goose bumps at his wonderful performance.（彼のすばらしい演技を見て、鳥肌が立った）

☐ この世のものとは思えない。
It's just too horrible.

> 💡 プラスα おそろしい ＝ terrifyingという表現もある。

怒 る

☐ いいかげんにして!
Leave me alone !

> ⭐ カルチャー 「おせっかいはいらないので、放っておいて!」と言うときに使う。個人主義の欧米人の場合、他人にプライバシーを侵されるのを嫌がる人は多い。

☐ 非常識です。
That's nonsense.

> 💡 プラスα 常識的で筋がとおっていること ＝ make sense。What you are saying makes sense.（あなたの言っていることは筋がとおっています）

☐ もう信じられない。
I can't believe you any more.

☐ 君には裏切られた。
You betrayed me.

> 😊 表現 betray ＝ 裏切る

☐ 絶交です。

I'm done with you.

> 💡 プラスα be done with... ＝...とは関係が終わり。I'm done with my homework.
> （もう宿題終わったよ）

☐ 君ってやつは！

What kind of person are you?

> 😊 表現 相手に対してあまりにも失望したときに使う。

☐ そんなに怒るなよ！

Don't be so mad！

> 💡 プラスα mad ＝ 怒っている。「怒る」の口語には、be pissed offもある。

☐ まあまあ。

Calm down.

> 😊 表現 calm down ＝ 冷静になれ

☐ 落ち着いて！

Slow down！

> 😊 表現 実際にスピードをゆるめるわけではない。「まあまあ、気もちを静めて！」と言う
> ときに。

☐ 仲直りしようよ。

Let's make peace.

> 😊 表現 make peace ＝ 穏便に仲直りする

☐ すぐには許せない。

I'm too mad to forgive you so soon.

☐ もう許してくれる？

Isn't it almost time to forgive me?

> 💡 プラスα 「わかった、許すよ」と言うときは、Alright, I forgive you.

☐ いつまで怒ってるの？

Are you still mad at me?

> 💡 プラスα Are you still suspicious of your friend?（まだ友だちを疑っているの？）

☐ こら！
Hey ! Don't !

☐ むかっ！
Darn !

驚 き

☐ パニクッたよ、もう！
Don't make me panic !

> 💡 **プラスα** panic ＝パニックになる。Don't panic !（焦らないで！）

☐ 信じられない！
It's hard to believe !

☐ 冗談やめてよ！
Stop it !

☐ からかわないで！
Stop teasing !

> 💡 **プラスα** tease ＝からかう。Stop fooling around !（ふざけるのはやめなさい！）

☐ まじ、びっくりした！
I freaked out !

> 😊 **表現** freak out ＝びっくりして取り乱す

☐ ちょっと、行き過ぎたかな。
Sorry, I got carried away.

> 😊 **表現** get carried away ＝どこかに流される、つまり行き過ぎて何かやらかしてしまうこと。

☐ 強烈！
That's severe !

> 😊 **表現** severe ＝強烈

◯ ありえないね。
It can't be true.

◯ ありえない!
It's a miracle!

◯ 驚いたあ、もう!
It scared me to death!

☺ 表現 scare someone to death ＝ 死ぬほどびっくりさせる

◯ またまたぁ。
You're joking again.

☺ 表現 「またまた冗談ばかり言ってえ」と、にやにやしながら言ったりするフレーズ。

◯ 本当に不思議!
It wasn't a dream, was it?

☺ 表現 「夢じゃないよね?」というニュアンス。

◯ 夢じゃないかしら。
It's too good to be true.

☺ 表現 too good to be true ＝ (話などが)うますぎて信用できない

◯ ほっぺた、つねってみて。
Pinch me.

💡 プラスα pinch ＝ はさむ。He pinched my arm.(彼は私の腕をつねった)

◯ 今年いちばんのビッグニュースだ。
It's the biggest news of the year.

◯ びっくりして目玉が飛び出たよ。
My heart's in my throat.

☺ 表現 「心臓がのどから飛び出すほど、びっくりする」という慣用句。日本語では「目玉
が飛び出る」と言うが、同じ意味でも、例える部位に違いがあっておもしろい。

◯ びっくりさせないでよ、もう。
Don't scare me again.

THEME 10　容姿・人柄

外見・体格

音声 1 -46

☐ 彼って太ってるね。

He's heavy.

> ⚠️ **注意** He's fat.も同じ意味。bigは、背が高いというより、「体がでかい」の意味にとられるので、女性に言う場合は注意を！

☐ 彼女って超美人！

She's gorgeous！

> 😊 **表現** gorgeousはとても美しい人に対する形容詞。beautiful／pretty以上に、華やかな美人のことをいう。

☐ 彼って背が高くてハンサム！

He's tall and handsome！

☐ 真っ黒ですてきな髪だね。

You have beautiful black hair.

> ⭐ **カルチャー** アジアの人の黒髪は西洋人の憧れの的。なぜ茶色に染める人が多いのか、不思議に思う外国人も多い。Japanese women's hair is silky and beautiful.（日本女性の髪はつやつやしていて、美しい）

☐ 肌がきれいでうらやましい。

I envy your beautiful skin.

> ⭐ **カルチャー** 色白に憧れる日本の女性は多い。西洋人のような白い肌はfair skin、やや色黒の肌はdark skinという。フランスでは、女性は避暑地などで日焼けした黒い肌が、ステータスともいわれている。

☐ 日に焼けてるね。

You have a nice suntan.

☐ 彼、最近髪が薄くなってきたよね。

He's losing his hair recently.

> 💡 **プラスα** lose one's hair ＝ 髪が薄くなる。「禿げる」はgo bald。どこの国でも男性はそうなりたくないと思っている？！

◯ あの人、ちょっと毛深いよね。
That person is kind of hairy.

> 💡 プラス α   hairy ＝ 毛深い。毛を剃る ＝ shave hair

◯ 姿勢がいいですね。
You have good posture.

◯ 猫背を直したいんです。
I want to fix my stooped shoulders.

> 💡 プラス α   stooped shoulders ＝ 猫背。猫背になり、前かがみになることをslouchともいう。Don't slouch while talking. You look less confident.（人前で話すときは前かがみにならないで。自信なさそうに見えるよ）

◯ 彼女はぽっちゃり系だね。
She's a little chubby.

> 🙂 表現   どちらかといえば、「ぽっちゃりしていてかわいい」という意味だが、女性は面と向かって言われたくないかも。

◯ 彼女かなり痩せてるね。
She's too skinny.

> ⭐ カルチャー   モデルのように痩せたいと望む人はとくに日本人女性に多いが、海外では「がりがり」はもてない。ちょうどよく痩せている人のことはslenderという。

◯ 目がもう少し大きかったらな。
I wish my eyes were bigger.

◯ 切れ長の目がすてきです。
I like your almond-shaped eyes.

> 💡 プラス α   東洋人のひと重で切れ長の目は、西洋人にはチャーミングに映る。形がアーモンドに似ていることから、almond-shaped eyesという。

◯ 手がきれい。
You have nice hands.

◯ 彼女の唇ってセクシー。
She has sexy lips.

> ⭐ カルチャー   ハリウッド女優のアンジェリーナ・ジョリーのような唇がぽってりしてチャーミングな女性は、どこの国でも人気。

☐ 肩幅が広い!
You have wide shoulders!
> **文法** 通常、「肩」と言うときのshouldersは複数。right shoulder(右肩)、left shoulder(左肩)と言う場合は単数でよい。

☐ 脚が長いね。
You have long legs.

☐ 髪の毛が多いの。
I have too much hair.
> **カルチャー** 日本人女性の中には、「髪が太くて多くて束ねるのが大変」とこぼす人が多い。西洋人の髪の毛は比較的thin(細い)なので、そんな悩みはあまりない。

☐ 白髪が増えました。
I've gotten more gray hair recently.
> **プラスα** gray hair = 白髪。My hair is turning gray recently.(最近、白髪が増えました)

☐ 抜け毛がひどくて。
My hair has been falling out.
> **表現** fall out = 抜ける

☐ あの人、口が臭い。
He has bad breath.
> **カルチャー** 口の中は清潔に保ちたいもの。bad breathの人は、どこの国でも嫌われるので注意。

☐ 彼は体臭がひどい。
He smells awful.
> **プラスα** smell awful = ひどいにおいがする。stink(悪臭がする)という言葉もあるが、He stinks.と言うと、「彼ってすごく嫌な奴」という別の意味にもなる。

☐ あの人は、いつもいい香りがします。
She always smells good.

☐ 彼はわきがなんです。
He has B.O.
> **表現** B.O. = わきが(body odorの略)

彼女はやさしい**性格**です。
She's very gentle.
😊 **表現** gentle ＝ あたりがやわらかくて、やさしい

彼女って、ちょっと自己主張強いよね。
She's a bit aggressive.

彼女は控えめな人ですね。
She's a modest person.
💡 **プラスα** 積極的な性格といわれる欧米人にも、控えめな人はたくさんいる。He's low-profile.（彼は腰が低い）

彼は目立ちたがり屋なんだ。
He likes to stand out.
💡 **プラスα** stand out ＝ 目立つ。反対はshy（はずかしがり屋）。自分の得意なことを見せびらかす人は、He's showing off.（ちょっと見せびらかし屋だね）

彼は人気者ですね。
He's everyone's favorite.
💡 **プラスα** favorite ＝ 人気者。He is popular among girls.（彼は女の子に人気がある）

彼女はにぎやかなことが好きです。
She's a party girl.
😊 **表現** party girl ＝ パーティーが好き、つまりにぎやかなことを好む女性のこと

彼はカリスマ性があります。
He's charismatic.
🔵 **文法** charismatic ＝ カリスマ性がある。形容詞であることに注意。名詞のcharisma を使って、He has some charisma.とも言う。

あなたはいっしょにいて楽しい人ですね。
You are fun to be with.
😊 **表現** fun to be with ＝ いっしょにいて楽しい。相手からこう言われたら、かなりのほめ言葉だ。

性
格

外見・体格・性格

彼（彼女）はどんな人ですか？

What is he ／ she like?

彼（彼女）は □□□□□ です。

He ／ She is □□□□□.

イケメン
handsome

超美人
gorgeous

長身
tall

ぽっちゃり
chubby

おもしろい
funny

いばり屋
bossy

なまけもの
lazy

内気
shy

活動的
active

うっかりもの
careless

世話好き
caring

おたくっぽい
nerdy

☐ 彼はひょうきん者です。
He's a clown.

☺ 表現　clown＝ピエロという意味。つまり、まわりの人を笑わせるような、おもしろいやつということ。

☐ 彼はクールな性格です。
He never gets emotional.

⚠ 注意　get emotional＝感情的になる。coolと言うと性格より見かけ（かっこいい）の意味になるので注意。

☐ 彼はこだわりが強いよ。
He's picky.

☺ 表現　picky＝こだわり屋の

☐ 彼は基本的にまじめだよね。
Basically, he's a serious guy.

💡 プラスα　He's sloppy.（彼はちゃらんぽらんだ）

☐ やつは頑固者でねえ。
He's so stubborn.

💡 プラスα　stubborn＝頑固な。ほかの言い方にpig-headed, stubborn as a muleもある。

☐ 彼女には清潔感があります。
She always looks neat.

💡 プラスα　きちんとした身なりをしている＝dress neatly

☐ 彼は率直でいい人だね。
He's candid and nice.

☺ 表現　candid＝率直で感じがいい

☐ 彼女は芯がとおっているね。
She looks gentle but is strong inside.

☺ 表現　strong inside＝芯がしっかりしている

☐ 彼は案外、がんばり屋だ。
Surprisingly, he's a hard worker.

☺ 表現　Surprisingly＝案外、意外に

CHAPTER 3

旅 行

旅の準備

支度

☐ パスポートの申請をしなきゃ。
I need to apply for a passport.

☐ ビザっているんだっけ?
Do we need a visa?

> ⚠️ 注意 観光ビザはtourist visaと言う。ビザが必要な国とそうでない国があるので、事前に調べておこう。

☐ 保険に入っておこうか?
Should we get travel insurance?

> 😊 表現 travel insurance = 旅行保険

☐ スーツケースある?
Do we have a suitcase?

> 💡 プラスα バックパック = backpack

☐ どこの飛行機で行こうか?
Which airline shall we use?

☐ ビジネスで行く? エコノミーで行く?
Shall we fly business or economy?

> 😊 表現 business = ビジネスクラス、economy(coach) = エコノミークラス

☐ マイルたまってる?
Have we saved a lot of mileage?

☐ 時差は何時間あるの?
What is the time difference?

> ⭐ カルチャー 日本と海外の時差は、上海が1時間、パリが7時間(夏時間)／8時間(冬時間)、ロサンゼルスが16時間(夏時間)／17時間(冬時間)。アメリカ国内(ハワイ・アラスカ除く)は、4つのタイムゾーンに分かれていて、東部と西部では3時間の時差があるので注意!

☐ あっちの気温は何度くらいかな?
What is the average temperature there?
💡 **プラスα** What is the highest (lowest) temperature in Hong Kong in April?
(香港の4月の最高気温／最低気温は何度ですか?)

☐ 物価は高いのかな?
Are the prices high over there?

☐ 着替えは何着必要かな?
How many changes of clothes do I need?
📝 **文法** changes of clothes = 服の着替え。靴の場合はpair of を使って数える。
How many pairs of shoes do I need?(靴は何足くらいいるかな?)

☐ フォーマルウエアは必要?
Do I need a formal suit?
⭐ **カルチャー** 欧米には、ジャケット着用でないと入店できない高級レストランもある。ウェブサイトでdress code(ドレスコード)が紹介されている場合もあるので、事前に確認を。男性の場合、ネクタイなしでもジャケット着用ならOKの店が多い。

☐ セーターを持って行こう。
I'll take a sweater just in case.

☐ 常備薬を忘れずにね!
Don't forget your medicine!
💡 **プラスα** 医者から処方された薬 = prescription medicine。海外のドラッグストアでは、日本のものより強い薬を売っていることがある。なるべく常備薬は日本から持って行こう。

☐ 現地で買えばいいね。
I can buy it over there.

☐ 折り畳み傘を入れておこうか?
Do we need a folding umbrella?
😊 **表現** folding umbrella = 折り畳み傘

☐ ガイドブックは君が用意して。
Can you get the guidebook?

☐ ホテルはインターネットで予約しよう。

Let's reserve a hotel on the Internet.

⚠ 注意　インターネットで予約する場合、Confirmation（予約確認）をプリントアウトして持参しよう。ホテルに予約が入っていないトラブルなど、いざというときの証明書として役立つ。

☐ 駅から近いホテルがいいな。

I'll look for hotels near the station.

☐ 7月25日は空いてますか?

Is July 25th still available?

😊 表現　be available = 空いている

☐ シングルは空いてますか?

Can I have a single room?

⭐ カルチャー　2人用の部屋はdouble room。ツインベッドを希望するなら、a double room with two bedsと言えばよい。ヨーロッパの宿泊施設は、バスタブのないシャワーだけのホテルも多いので、事前にチェックしよう。

☐ 1泊いくらですか?

How much is it for a night?

💡 プラスα　It's 100 dollars for two nights.（2泊で100ドルです）

☐ いちばん安いホテルを探しています。

I'm looking for the most reasonable hotel.

⚠ 注意　reasonable = 手頃な。「安価」という意味のcheapはストレート過ぎて印象が悪いことも。なるべくreasonableを使おう。

☐ シャワーはありますか?

Does the room have a shower?

☐ 五つ星ホテルをお願いします。

We are looking for a five-star hotel.

⭐ カルチャー　大都市では星の数が多いホテルでも、狭くて豪華でないことがある。同じ三つ星ホテル（three-star hotel）でも、ニューヨークやパリの場合は高額だが、部屋は狭い。

◯ 禁煙室でお願いします。
We'd like a non-smoking room, please.

> ⭐ カルチャー　海外ではほとんどのホテルが禁煙。もしホテル内でたばこを吸いたければ、Is there any smoking space in this hotel?（このホテルには喫煙できる場所はありますか?）と尋ねよう。

◯ 朝食つきでお願いします。
With breakfast, please.

◯ どのようなアメニティーが含まれていますか?
What kinds of amenities are included?

◯ エキストラベッドは入りますか?
Is it possible to put in an extra bed?

◯ クレジットカードは使えますか?
Can I use a credit card?

> ⭐ カルチャー　チェックイン時にクレジットカードの提示を求めるホテルも。インターネットですでに室料を決済している場合、別のカードでもOK。

◯ Wi-Fiは使えますか?
Can I use Wi-Fi?

> 💡 プラスα　Is Wi-Fi free at this hotel?（Wi-Fiは無料ですか?） Can I have a log-in password for Wi-Fi?（ログインのパスワードをもらえますか?）

◯ 空港行きの送迎バスはありますか?
Do you have a shuttle bus to the airport?

> 😊 表現　shuttle bus＝送迎用のシャトルバス

◯ 延泊したいんですが。
We'd like to extend our stay.

◯ 満室みたい。
Looks like there's no vacancy.

> 💡 プラスα　vacancy＝空き。Looks like all the rooms are booked.（全室予約済みみたいだよ）

☐ 子ども料金はいくらですか?
Do you have a special fee for kids?

☐ 割引きはありますか?
Do you have a discount?

★ カルチャー　インターネットで早めに予約すると、格安で宿泊できることも。ふつうは宿泊日に近づくほど割引率は低くなる。

☐ 予約の変更をお願いします。
I'd like to change my reservation.

💡 プラスα　I'd like to change from two nights to three nights.(2泊から3泊に変更したいんです)

☐ キャンセルはいつまで可能ですか?
Until when can I cancel?

😊 表現　until when＝いつまで

☐ キャンセル料はいくらですか?
How much is the cancellation fee?

😊 表現　cancellation fee＝キャンセル料

☐ 申し訳ありませんが、予約されてないようです。
I'm afraid your reservation has not been made.

☐ 予約確認番号をお持ちですか?
Do you have a confirmation number?

☐ はい、ここにあります。
Yes, here it is.

☐ たしか、禁煙の部屋をお願いしたはずですが。
I'm sure we reserved a non-smoking room.

☐ ペット可と、ホームページに書いてませんでしたか?
Your website says pets are allowed, doesn't it?

THEME 12 空港・機内・ホテル

空 港

□ NAO航空のチェックインカウンターはどこ?

Where's the check-in counter for NAO Airline?

> ⚠ **注意** 近年はインターネットで事前にチェックインできる。空港で長時間待たされないように、早めにチェックインしておこう。

空港

□ シンガポール経由のタイ行きです。

This flight goes to Thailand through Singapore.

> 💡 **プラスα** ...through（via）=...経由で。I'm going to Thailand via Singapore.（シンガポール経由でタイに行きます）

□ ロンドン行きのチケットはありますか?

Do you have tickets to London?

□ 手荷物を預けたいのですが。

We have these bags to check-in.

> 💡 **プラスα** check-in＝荷物を預ける。預ける荷物＝check-in luggage／baggage、機内持ち込み荷物＝carry-on luggage／baggage

□ これは機内に持ち込めますか?

Can I carry this bag on with me?

> 🙂 **表現** carry on＝荷物を機内に持ち込む

□ 重量制限はありますか?

Do you have a weight limit?

> ⚠ **注意** 飛行機に預ける荷物は、重量制限を超えると超過料金がかかる場合も。スーツケースが2つあるときは、どちらかに重さがかたよらないよう、調整しておいて。

□ 通路側の席をお願いします。

I'd like an aisle seat.

> 💡 **プラスα** aisle seat＝通路側の席。窓際の席＝window seat、前のほう（後ろのほう）の席＝towards the front (rear) seat

☐ ビジネスクラスにアップグレードしていただけますか?

Could you upgrade me to business class?

> 💡 **プラスα** upgrade someone to... =...にアップグレードする。満席だったり、予定より大幅に出発が遅れたりする場合、ビジネスクラスにアップグレードしてもらえることも。そうなればラッキー!

☐ 隣どうしでなくても大丈夫です。

It'll be OK if we have to sit separately.

☐ 搭乗時間は何時ですか?

When do we board?

> 😊 **表現** board = 搭乗する

☐ NAO航空730便の搭乗口は何番ですか?

What's the gate for flight NAO730?

> 💡 **プラスα** ついでにトイレに行きたかったら、Is there a restroom nearby?(どこか近くにトイレはありますか?) restroomは世界共通、だれにでも通じる。

☐ 入国審査が厳しくなったよ。

Immigration inspection has become strict.

> ⭐ **カルチャー** immigration inspection(check) = 入国審査。一部の国を除くEU圏内では、入国審査はない。本当に便利になった!

☐ ラウンジは使えますか?

Can we use the lounge?

> 😊 **表現** lounge = ラウンジ

☐ 免税店で化粧品を買いたい。

I want to buy cosmetics at the duty-free shop.

> ⭐ **カルチャー** duty-free = 免税の。海外では、免税店以外でも、一定金額以上の商品を買うと税金が戻ってくる店も。商品を購入したショップで手続き用の書類を受け取り、空港の専用カウンターで払い戻しの手続きをしてもらおう。Where should I go for a tax refund?(免税品手続きをするにはどこに行けばよいですか?)

☐ お見送りありがとう!

Thanks for coming to see me off!

> 😊 **表現** see someone off = ...を見送る

◻ 荷物を入れたいので手伝ってもらえますか?
Would you help me to put my luggage up?

> 💡プラスα put luggage up＝荷物を上げる。女性が荷物を棚に入れられずにいると、男性客が手伝ってくれることがある。そんなときは、スマイルとThank you!を忘れずに。

◻ シートベルトをお締めください。
Fasten your seat belt, please.

機
内

◻ きれいなキャビンアテンダントだなあ。
She is a charming flight attendant.

◻ ひざかけをください。
Can I have a blanket?

> 💡プラスα Can I have another blanket?(もう1枚毛布をもらえますか?)

◻ 機内販売はいつ買えますか?
When can we purchase in-flight duty-free?

> 💡プラスα 機内販売はin-flight duty-free。When will you start the in-flight shopping?(機内販売はいつ始まりますか?)。現地で購入できず、機内販売で買おうと思っても「すでに売り切れ!」ということもあるので注意。

◻ 映画の見方がわかりません。
I don't know how to make the movie play.

> 💡プラスα I don't know how to work the in-flight entertainment system.(機内エンターテインメントの使い方がわからないのですが)

◻ 耳がキーンとするね。
My ears hurt.

> 💡プラスα 気圧の関係で、耳がふさがって変な感じがするときは、My ears are popping.とも言う。

◻ トイレはもう使えますか?
Can we use the lavatory now?

> 😊表現 lavatory＝(機内の)トイレ

☐ 機内食の時間だよ。
It's time for dinner.

☐ 機内食はいりません。
No meal for me.

☐ あとでスナックもらえますか?
Will you serve snacks later?

☐ チキンとビーフ、どちらになさいますか?
Would you like chicken or beef?

☐ チキンにしてください。
Chicken, please.

> 📖 文法　meatやfishは数えない。I can't eat meat. Do you have fish?(肉が食べられません。魚はありますか?)

☐ コーヒーをください。
Can I have coffee?

> 💡 プラスα　LCC(格安航空機)は飲みものが有料なことも。確認してから頼もう。Do you have caffeine-free drinks?(カフェインフリーの飲みものはありますか?)Is beer free? (ビールは無料ですか?)

☐ 日本まであとどれくらいですか?
How many more hours is it to Japan?

> 💡 プラスα　It's another three hours to Tokyo.(東京まであと3時間です)

☐ 今どのへんを飛んでるの?
Where are we flying now?

> 💡 プラスα　We are flying over Hawaii now.(今、ハワイ島の上空を飛んでいます)

☐ 現地の天気はどうですか?
What's the weather over there?

☐ 揺れるけど大丈夫?
This is a rough flight. Are you OK?

> 😊 表現　rough flight = 飛行機が揺れる

◯ トイレに行きたいので、ちょっと失礼。
Excuse me, I need to get out.

> ★カルチャー トイレは、アメリカではbathroom、イギリスを含むヨーロッパではlavatory／WCと言うことが多い。

◯ 気分が悪いです。
I'm feeling sick.

◯ ハイジャックされたみたいだ。
Looks like the plane has been hijacked.

> ☺ 表現 be hijacked＝ハイジャックされる

◯ 緊急着陸するようですね。
The pilot is saying we will make an emergency landing.

> 💡 プラスα emergency landing＝緊急着陸。emergency exit（非常口）の近くの席は広くてゆったりしているが、緊急時には乗客の誘導を手伝う場合がある。英語を話せるかどうかを確認されることも。

ホテル

◯ チェックインお願いします。
We'd like to check in, please.

> 💡 プラスα check in＝チェックインする。Two adults and one child, please.（大人2人と子ども1人です）。チェックアウトする＝check out

◯ 日本語が話せるスタッフはいますか?
Does anybody speak Japanese?

> 💡 プラスα 日本人がよく泊まる観光地のホテルには、日本語を話せる従業員がいることも。確認してみよう。

◯ 貴重品を預けることはできますか?
Can you keep our valuables?

> ⚠ 注意 valuables＝貴重品。一般的にホテルの室内には金庫（safety box）が備えつけられている。パスポートや不要な日本円などを入れておくと安全。ただし、金庫の中に大事なものを忘れてしまうことも! チェックアウト時によく確認を。

☐ 朝食はどこで食べられますか?
Where can we have breakfast?

☐ 朝食は何時から何時まで?
When is breakfast served?

> ★カルチャー ホテルの朝食は、カフェテリアでビュッフェ式が多い。一般的に時間は早朝から午前11時ごろまでだが、行ったら終わってた……なんてことがないように前日に時間をチェックしておこう。

☐ ルームサービスをお願いします。
Can we order room service?

> 💡プラスα Our room is 1203.（部屋は1203号室です）Twelve-oh-threeと発音しよう。

☐ Wi-FiのIDを教えてください。
Could you give us the log-in ID and password for the Wi-Fi?

> 💡プラスα 部屋でWi-Fiを使うときは、一般的にホテル専用のログインIDとパスワードが必要だ。

☐ ルームキーを部屋に忘れてしまいました。
I left the key in my room.

☐ 鍵がかかっちゃって開かない!
I got locked out!

> ❗注意 ホテルのドアは自動ロックが多いので注意。

☐ お湯が熱くならないのですが。
The water doesn't get hot.

> ★カルチャー 海外のホテルでは、お湯が出ない、エアコンが壊れているなどは日常茶飯事で、電話してもすぐに対応してくれないことも。粘り強さと忍耐が必要かもしれない。

☐ エアコンが壊れてるみたい。
The air conditioning is not working.

> 😊表現 ...is not working／doesn't work ＝ ...が動かない

☐ ちょっと見に来てもらえますか?
Could you come up and check it?

◯ 隣の部屋がうるさいんですが。
The people next door are too noisy.

◯ 他の部屋と取り替えてもらえますか?
Would you please move us to another room?

> 💡 プラスα 隣室でうるさく騒がれるのは迷惑千万。ホテル側に訴えれば別の部屋を用意
> してくれることもある。

◯ シーツとタオルを取り替えてください。
Please change the sheets and towels.

◯ 眺めがいい部屋!
What a fantastic view we have !

◯ はい、これチップです。
Here you go.

> ⭐ カルチャー 国やホテルによって、従業員がチップを受け取るかどうかは異なる。荷物を置
> き終わったあと、従業員がじっと待っているときは、チップがその国やホテル
> の習慣になっていることが多い。いずれにしても、チップは荷物ひとつにつき1
> ドルくらいでOK。

◯ もう1日延泊したいのですが。
We'd like to extend our stay for one more day.

> 😊 表現 extend one's stay＝宿泊を延長する

◯ エキストラベッドを入れたいのですが。
Can we have an extra bed in our room?

> 💡 プラスα 追加料金を払えば、エキストラベッドを入れてくれるホテルも多い。

◯ 駅まで歩けますか?
Can we walk to the station?

◯ タクシーを呼んでもらえますか?
Would you call a taxi?

> ❗ 注意 ホテルが手配するタクシーは比較的安心。流しのタクシーの中には、法外に
> 高い料金を請求してくることもあるので注意!

THEME 13 交通手段

タクシー

音声 ① -53

☐ 空港までお願いします。
Please take us to the airport.

> 💡 **プラスα** こう頼むと、Which terminal?(どのターミナルですか?)と聞かれることも。

☐ ターミナル1までお願いします。
We are flying from Terminal 1.

☐ 上海ヒルトンホテルまで行きたいんですが。
Could you take us to the Shanghai Hilton Hotel?

> ⭐ **カルチャー** 国によっては英語が通じないことも多い。中国では英語のわかるドライバーは非常に少ないので、ホテル名を漢字で書いた紙を用意しておくと安心だ。

☐ ホテルの場所はわかりますか?
Do you know where that hotel is?

☐ ここへ行ってください。
We have a map. The hotel is right here.

> 💡 **プラスα** 地図を見せて「ここ!」と指差すのがいちばん早い。

☐ 荷物があるのでトランクを開けてください。
We have a lot of luggage. Would you open the trunk?

> 😊 **表現** trunk =(車の)トランク

☐ ホテルまで時間はどのくらいかかりますか?
How far is it to the hotel?

> 😊 **表現** How far =どのくらい(距離)

☐ ホテルまで料金はどのくらいかかりますか?
How much is it to the hotel?

> 😊 **表現** How much =どのくらい(料金)

☐ ホテルは、たしか公園の隣です。
I think the hotel is right next to the park.

☐ 次の交差点を右に曲がってください。
Turn to the right at the next intersection.

☐ すみません、メーターが動いてませんよ。
Excuse me, the meter isn't running.

タクシー／バス

☐ 料金が高すぎます。
I think the fare is too expensive.

⭐カルチャー fare＝料金。I think it costs way more than I had expected.（思って
いた料金よりかなり高いようですが）とも言える。海外での料金交渉は難しいが、
堂々としていれば相手もだます気にならないもの。自信をもってふるまおう。

☐ エアコンを止めてください。
Can you turn off the air-conditioning?

☐ 帰りもここに迎えに来てもらえますか?
Can you pick us up here when we finish our dinner?

😊表現 pick up＝迎えに来る

☐ 行きたいのはこっちじゃありません。
I think...you're going in the wrong direction.

😊表現 go in the wrong direction＝違う方向へ行く

☐ おつりは結構です。
Keep the change.

⭐カルチャー change＝おつり。ドライバーにチップを渡すかどうかは国によって異なる
が、おつりをチップ代わりにすることもある。

バス
音声
1 -54

☐ ここには行きますか?
Do you stop here?

☐ お札は使えますか?
Can we use bills?

☐ ルーブル美術館前には停まりますか?
Does this bus stop at the Louvre Museum?

💡 プラスα Is the Louvre Museum the last stop?(ルーブル美術館は終点ですか?)

☐ あっ、この席空いてますよ。
Nobody is sitting here. Have a seat.

☐ ここで降ります!
We are getting off here!

⭐ カルチャー get off = 降りる。海外では、停留所の案内が不十分なことが多い。不安なときは、あらかじめドライバーに行き先を告げておくとよい。前のほうに座っていると、目的地に着いたとき、親切に教えてくれることも。

☐ 小銭がないんです。
We don't have any small change.

❗ 注意 small change = 小銭。細かいお金がないと乗れないバスもある。料金を調べ、あらかじめ小銭を用意しておくこと。

☐ あれ、何で停まったんだ?
Why has the bus stopped?

☐ どうやらパンクしたようだ。
Looks like they've got a flat tire.

😊 表現 flat tire = パンク

駅・電車

音声 1 -55

☐ 北京駅に行くにはどうすればいいですか?
Could you tell me how to get to Beijing Station?

😊 表現 get to... = ...へ行く(着く)

☐ ニース行きの次の電車は何時ですか?

What time is the next train to Nice?

⭐カルチャー かつてヨーロッパの鉄道は遅延がつきものだったが、近年はそれほどでもない。ただし、乗車するホームが突然変わっておろおろすることも多い。

☐ どこで乗り換えればいいですか?

Where should we change trains?

💬文法 change trains = 乗り換える。trainsと複数になることに注意。

☐ その駅に急行は止まりますか?

Does the express train stop at that station?

☐ 時刻表を確認してみよう。

Let's check the timetable.

☐ 切符売り場はどこですか?

Where do they sell tickets?

☐ 一日乗車券はありますか?

Is there a single-day ticket?

💡プラスα single-day ticket = 一日乗車券。We'd like two one-week tickets.(一週間乗り放題チケットを2枚ください)

☐ 切符の買い方を教えてください。

Please tell me how to buy tickets.

⭐カルチャー 切符の販売は自動販売機が一般的だが、国によって購入方法が異なるうえ、複雑なしくみであることが多い。「切符の買い方を教えるかわりに、チップをくれ」と声をかけてくる不審者もいるので気をつけて!

☐ 特急乗り場は何番ホームですか?

Where's the platform for the limited express trains?

💡プラスα limited express train = 特急。急行 = express train、各停 = local train、寝台列車 = sleeper train

☐ 特急料金はいくらですか?

How much do we pay for the limited express?

☐ 特急は予約が必要ですか?

Do we need a reservation for the limited express?

😊 表現 need a reservation = 予約が必要である

☐ 朝一番の電車は何時ですか?

What time does the first train depart?

☐ 食堂車はありますか?

Is there a dining car on the train?

😊 表現 dining car = 食堂車

☐ 乗る電車を間違えた!

I think we took the wrong train!

☐ 乗り過ごしちゃった。

We missed the train station.

💡 プラスα I just missed my stop. (あっ、乗り過ごしちゃった!)

☐ 隣の席は空いてますか?

Is anybody sitting here?

💡 プラスα さらに丁寧に言うなら、Is this seat taken?

☐ ホームに人が落ちたみたい!

It seems someone fell off the platform!

☐ 緊急ボタンを押して!

Press the emergency button!

☐ すぐ逃げなきゃ。

Let's get out of here.

☐ 人身事故があったみたいだ。

It seems that someone was involved in an accident.

😊 表現 be involved in... = ...に巻き込まれる

THEME 14 観光する

観 光

音声 i -56

□ 行きたいところある?
Is there anywhere in particular you want to visit?

□ 市場(いちば)に行ってみたいな。
I want to visit the open markets.

□ おすすめの観光スポットは?
What are your recommendations for tourists?

😊 **表現** recommendation＝おすすめ

□ 観光マップはどこへ行けば手に入る?
Where can we get a map?

💡 **プラスα** You can get a map at the tourist office. (ツーリスト・オフィスで地図は手に入るよ)。大きな都市には必ずツーリスト・オフィスがあり、ホテルや観光地について、さまざまな情報を得られる。

□ お得な観光パックツアーのチケットはありますか?
Do you have discount package tickets?

😊 **表現** discount package＝お得な観光パックツアー

□ オプショナルツアーを申し込みたいのですが。
We'd like to sign up for an optional tour.

😊 **表現** sign up＝申し込む、optional tour＝オプショナルツアー

□ 世界遺産に行ってみたい。
We want to visit some World Heritage Sites.

💡 **プラスα** World Heritage Sites＝世界遺産。Mt. Fuji has become a World Heritage Site. (富士山が世界遺産になった)

□ レンタカーってどこで借りられる?
Where can we rent a car?

観
光

107

似て非なる
お国柄

ステレオタイプと
ジョーク

　日本人は「欧米人はみないっしょ」と考えがちだが、実際には国によってかなり異なる。国民性を極端に表現したものをステレオタイプ（型にはまったイメージ）といい、ジョークのネタとしてよく使われる。有名なジョークを紹介しよう。豪華客船が沈みかけ、躊躇する世界各国の乗客に向かって船長が海へ飛び込むように大声で呼びかけた。そのときの呼びかけ方が国によって違うのだ。「飛び込めば……」アメリカ人には「英雄になれますよ!」、イギリス人には「紳士になれますよ!」、ドイツ人には「規則です!」、イタリア人には「モテますよ!」、フランス人には「飛び込まないでください!」、日本人には「みな飛び込んでいますよ!」

　もちろん、このようなステレオタイプはだれにでも当てはまるわけではないが、それぞれの国民性を端的に表しているともいえる。例えばアメリカ人はスーパーマンやスパイダーマンのようなヒーローが大好きで、ハリウッド映画も勧善懲悪のストーリーが多い。イギリス人は物静かで誇り高い。ドイツ人は真面目で時間を守り、家の中もきちんと手入れしているきれい好き。イタリア人の恋愛好きとは、おもに南部に住む陽気なイタリア人を指している（北と南で国民性がかなり違う）。著者がかつてローマを訪れたときは「ナンパされるから道を歩く男性と決して目を合わせるな」と注意されたのだが、たしかに情熱的な国民だ。フランス人は個人主義

で、一人一人の個性が強い。人と同じことするのをもっとも嫌う国民といってもよいだろう。日本人がまわりに合わせるのは、集団行動の習性があり、他人にどう見られているかを常に気にする国民だからだ。

イエス・ノーを
はっきりするのがマナー

　一般的に欧米人は論理的思考を好み、明確に自己主張するといわれている。「コーヒーにしますか？　お茶にしますか？」と聞かれ、「どちらでもいいです」と遠慮する人はいない。どちらがよいかをはっきり伝えるか、欲しくなければ「ありがとう、でも結構です」と断る。自分の意思をしっかり伝えることがコミュニケーションの重要なマナーであり、幼いころから家庭でも学校でもそうしつけられている。ぐずぐずして態度を明らかにしないのは、独立心のない、意志薄弱な人と思われる。

　自分の行動をまわりの人に合わせないのも欧米人の特徴だ。マイペースなフランス人はもちろん、シャイで温厚、日本人に似ているといわれる北欧の人々も、独自の意見をもち、はっきりと自己主張する傾向がある。レストランで全員がコース料理を選んでいるときに、ひとりだけアラカルトを注文したりするのも欧米人。何でも他人と合わせようとする日本人から見れば変わり者（？）だが、自分の意見をもつことは大切だ。

　国民性やお国柄は決してすべての人に当てはまるわけではないが、彼らとコミュニケーションをとったり、考え方を理解したりする際のヒントになってくれるだろう。

☐ 自転車を1日借りるといくらになりますか?

How much does it cost to rent a bike for a day?

😊 表現 bike = bicycle（自転車）の略

☐ 半日なら安くなりますか?

Do we get a discount if we rent for half a day?

😊 表現 half a day = 半日

☐ 荷物をどこかに預けられないかな?

Is there any place where we can store our luggage?

😊 表現 store luggage = 荷物を預ける

☐ 眺めのよいところはどこですか?

Do you know a place with a good view?

😊 表現 a good view = よい景色

☐ 街並みがきれい!

This town is so pretty!

⭐カルチャー ヨーロッパにはすてきな街並みが多い。屋根や壁の色に統一感があり、落ち着いた雰囲気。

☐ 写真を撮ってもらえますか?

Would you take our photo?

❗注意 突然「写真を撮ってあげます」と、親切そうに近づいてくる人には要注意！あとでお金を請求されることも。

☐ はい、チーズ!

Say "cheese"!

💡プラスα Smile! Say "cheese"!（笑って笑って。はい、チーズ！）

☐ 入場料はどこで払うの?

Where do we pay the admission fee?

😊 表現 admission fee = 入場料

☐ 閉館は何時ですか?

When does this museum close?

💡プラスα The museum opens at 10:00 a.m. and closes at 4:00 p.m.（美術館は10時に開館し、16時に閉館します）

☐ 足が痛い!
My feet are sore!

☺ 表現 sore＝痛い

☐ かかとに靴ずれができちゃった。
I got a blister on my heel.

両 替

☐ 両替お願いします。
I'd like to exchange money.

☺ 表現 exchange money＝両替する

☐ 銀行はどこにありますか?
Where's the nearest bank?

☐ 今日のレートはどうかな?
What's today's rate?

★ カルチャー 両替所によってレートが異なる。街にある両替所のほうが、ホテルや空港より
レートがよいことが多い。

☐ 今、1ドル100円です。
It's 100 yen to the dollar.

💡 プラスα ...to the dollar(yen／Euro)＝ドル(円／ユーロ)に対して...。How much
is the yen to the Euro today?(今日は1ユーロ何円ですか?)

☐ レートのいい両替所はどこですか?
Where can I get a good exchange rate?

☐ ホテルで両替はできますか?
Is it possible to exchange money at the hotel?

☐ 円をドルに両替してください。
I'd like to change yen into dollars.

☺ 表現 change...into...＝...を...に両替する

☐ 100ドル札を細かくできますか?
Could you change this 100 dollar bill into smaller bills?

💡 **プラスα** We'd like three 20 dollar bills and four 10 dollar bills , please. (20ドル札を3枚、10ドル札を4枚にしてください)

☐ 全部10ドル札にしてください。
I'd like to change all these bills into 10 dollar bills.

⭐ **カルチャー** チップの必要な国へ行く場合、少額紙幣や硬貨がないと困る。1ドル札はチップでよく使うので、あらかじめ両替しておき、すぐに渡せるようポケットやバッグに入れておくとよい。

☐ 小銭もまぜてください。
I'd like to have coins, too.

☐ ドルで買ったほうがいいみたい。
It seems better to pay with dollars.

💧 **文法** ドルはdollar(s)のように数えるが、yen(円)は単数でも複数でも変わらないことに注意。

トラブル
音声 1 -58

☐ どろぼう!
Thief!

❗ **注意** すりはpickpocket。パリの地下鉄はすりが多いことで有名。少年少女のグループが、財布を奪ったあと、突然電車を飛び降りる姿がよく目撃される。貴重品は体から離さないようにしておくこと。

☐ 助けて!
Help me!

☐ 私の荷物にさわらないで!
Don't touch my luggage!

❗ **注意** ほんのちょっとの間、ほかのことに気をとられ、気がついたらバッグがなくなっていたということもある。日本のように、荷物から目を離しても無事という国は非常にまれ。

☐ バッグをひったくられた！
Someone took my bag！

☺ 表現 take one's bag ＝ バッグをひったくる

☐ お財布をすられたみたい。
I think someone stole my wallet.

☺ 表現 steal one's wallet ＝ 財布を盗む

☐ 置き引きに気をつけて。
Watch out for luggage thieves.

☺ 表現 luggage thief ＝ 置き引き

☐ 警察を呼んでください！
Please call the police！

☐ 犯人はこんな感じでした。
The thief looks like this.

☐ 日本の家族に連絡したいのですが。
I'd like to call my family in Japan.

💡 プラスα 海外では何が起こるかわからない。何かあったときのために、日本の家族など
の連絡先を控えておこう。

☐ パスポートをなくしちゃった。
I lost my passport.

☐ 日本大使館はどこですか？
Where's the Japanese embassy?

☺ 表現 Japanese embassy ＝ 日本大使館

☐ 通訳の方をお願いできますか？
Could you get me an interpreter?

☐ 飛行機の時間に間に合わない！
We won't be in time for our flight！

☺ 表現 be in time for... ＝ ...の時間に間に合う

☐ 子どもが迷子になりました。
My child is lost.

😊 **表現** be lost ＝ 迷子になる、道に迷う

☐ 子どもは5歳の女の子で、こんな服装をしています。
The child is a five-year-old girl and she's dressed like this.

☐ これは不良品です。
This is a defective product.

😊 **表現** defective ＝ 不良の

☐ だまされた！
He cheated us！

⭐ **カルチャー** 海外ではまともな商品を正規の値段で販売しているとは限らない。200ドルのものを値切り続けたら、最後には20ドルになってびっくりすることがある。

☐ お金を返してください。
We want to have our money returned.

😊 **表現** have money returned ＝ お金を返してもらう

☐ 急に具合が悪くなりました。
I suddenly started feeling sick.

☐ 病院へ連れて行ってください。
Please take me to the hospital.

☐ 救急車を呼んでください。
Could you call an ambulance?

☐ 日本の母親と話したいです。
I need to talk to my mother in Japan.

☐ まだ日本は夜明け前です。
I think it's still before dawn in Japan.

THEME 15 道を尋ねる・教える

道を尋ねる

音声 1 -59

□ 駅にはどうやって行けばいいですか?

Excuse me, how do I get to the station?

⭐ カルチャー 突然道を人に尋ねるときは、Excuse me...と最初に断ろう。

□ 空港へ連れて行ってください。

Could you take us to the airport?

😊 表現 take... to... ＝...を...へ連れて行く

□ すみません、交番はどこですか?

Excuse me, where's the police station?

□ 道に迷ってしまいました。

I've lost my way.

😊 表現 lose one's way ＝ 道に迷う

□ ここはどこですか?

Could you tell us where we are now?

😊 表現 where we are now ＝ 我々は今どこにいるか。つまり、ここがどこかを尋ねる表現。

□ まいったなあ……。

I don't know what to do...

💡 プラスα I'm totally at a loss.（もうどうしていいか、わからなくなっちゃった）

□ その場所へは歩いて行けますか?

Can we walk to that destination?

😊 表現 destination ＝ 目的地

□ 右に曲がりますか? 左ですか?

Do we turn right or left?

😊 表現 turn right (left) ＝ 右（左）に曲がる

115

道を尋ねる

[　　　　]はどうやって行けばよいですか？

Excuse me, how do I get to the [　　　　]?

観光案内所
tourist office

バス停
bus stop

駅
station

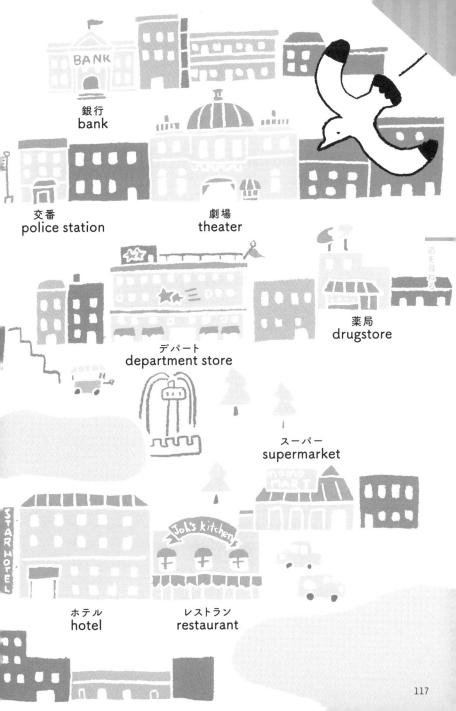

銀行
bank

交番
police station

劇場
theater

薬局
drugstore

デパート
department store

スーパー
supermarket

ホテル
hotel

レストラン
restaurant

道を尋ねる

117

☐ もう一度最初からお願いします。

Could you repeat that again?

> 💡 プラスα repeat ＝くり返す。Could you speak more slowly? (もう少しゆっくり話してもらえますか?)

☐ 目印は何ですか?

Is there any landmark?

> 😊 表現 landmark ＝目印

☐ この通りの名前を教えてください。

Could you tell me the name of this street?

☐ 私は方向音痴です。

I have a poor sense of direction.

> 💡 プラスα have a poor sense of... ＝...に音痴である。I'm bad at directions.とも言う。

☐ 僕たちの目的地はもっと南だね。

Our destination is further south, isn't it?

> 😊 表現 further south(north)＝ずっと南(北)

☐ 地図は持ってますか?

Excuse me, do you have a map?

☐ ちょっと地図見せて。

Can I see your map for a second?

> 😊 表現 for a second ＝ちょっとだけ

☐ 地図の見方がわかりません。

I don't know how to read the map.

> 😊 表現 read the map ＝地図を読む

☐ グーグルで検索しよう。

Let's google it.

> 😊 表現 google ＝グーグルで検索する

☐ このへんが目的地のはずなんだけど。
I think the place is somewhere around here.
> 💡 プラスα 地図どおりに行っても、目当ての店がないことも。It seems the restaurant has moved.(そのレストランはどこかへ引越しちゃったみたいだよ)

道を教える

☐ この通りをまっすぐ行ってください。
Go straight down this street.
> 😊 表現 go straight down =まっすぐに行く

☐ 10分くらい歩けば着きます。
A 10-minute walk will get you to the place.
> 🌀 文法 get ... to... = ...を...へ連れて行く。A 10-minute walkが主語。これは無生物主語の構文。

☐ 着いたら、すぐ目の前ですよ。
You will find it just in front of you.
> 😊 表現 just in front of ... = ...の目の前

☐ 歩いて行くのは無理ですよ。
You can't walk there.

☐ タクシーに乗ったほうがいいですね。
You'd better take a taxi.
> 💡 プラスα take a taxi =タクシーに乗る。タクシーはcabとも言う。

☐ 左に曲がって道なりです。
Turn left and follow the road.
> 😊 表現 follow the road =道なりに行く

☐ あの角を曲がればすぐそこです。
Turn that corner and you'll find the place.
> 😊 表現 turn the corner =角を曲がる

☐ 横断歩道を渡ってから曲がってください。
Cross the crosswalk and turn.
😊 表現 crosswalk ＝ 横断歩道

☐ 標識どおりに進めば、すぐです。
If you follow the signs and keep going, you'll be there.
😊 表現 keep going ＝ そのまま進む

☐ 広場を通り抜けると着きますよ。
Walk through the public square and you'll be there.
😊 表現 walk through... ＝ (徒歩で)...を抜ける

☐ コンビニの隣です。
It's right next to a convenience store.
😊 表現 right next to... ＝ ...のすぐ隣

☐ 青い看板が目印です。
Look for their blue signboard.
😊 表現 look for... ＝ ...を目印に探す

☐ ご案内しますね。
I'll show you to the place.
😊 表現 show... to... ＝ ...を...へ案内する

☐ ついて来てください。
Just follow me.
⚠ 注意 「道を教えてあげるからついておいで」と言われて、ついて行ったら最後に「金をくれ」と要求されることもある。気をつけて。

☐ ここは全然違う場所ですよ。
This is completely the wrong place.
😊 表現 completely ＝ まったく、全然

☐ そこがどこにあるかわかりません。
I don't know where it is at all.

120

☐ お役に立てずにすみません。
I'm sorry that I wasn't helpful.
😊 **表現** be helpful ＝ 役に立つ

☐ 東の方角です。
It's to the east.
💡 **プラスα** 北西の方角 ＝ to the north-west、南東の方角 ＝ to the south-east

☐ 右側です。
It's just to your right.
😊 **表現** to your right(left) ＝ 右（左）側に

☐ ななめ右側です。
It's diagonally to your right.
😊 **表現** diagonally ＝ 対角線上に、ななめに

☐ 真正面です。
It's right in front of you.
💡 **プラスα** right in front of... ＝ ...の真正面に。...の真後ろに ＝ right in behind of...

☐ このビルの上です。
It's on top of this building.
😊 **表現** on top of... ＝ ...の上に

☐ 突き当たりを左に行ってください。
Walk to the end of this road and turn left.
😊 **表現** the end of the road ＝ 突き当たり

☐ 東の方角へ10キロの地点です。
It's 10 kilometers to the east from here.
😊 **表現** ...kilometers to the east(west) ＝ 東（西）へ...キロメートル

☐ あなたは今ここですよ。
Now, you are here.

☐ 目的地はここですよ。
Your destination is right here.

街の中

コンビニ

☐ あ、コンビニがあった！
Oh, there's a convenience store !
⭐カルチャー 海外でもコンビニは少しずつ増えてきたものの、ヨーロッパの都市ではほとんど見かけない。食品、日用品、アルコールなどを扱うgrocery storeが主流だ。

☐ コンビニに入ろう。
Let's go in.

☐ コンビニはたいてい24時間営業です。
They're usually open 24 hours.

☐ お水はありますか？
Do you sell water?
⭐カルチャー 海外の水道水はそのまま飲めないことが多い。ホテルで水を購入すると高価なので、コンビニやスーパーで手に入れたほうがよい。

☐ 水を2本買っておこう。
Let's get two bottles of water.

☐ おしょうゆは売ってるかなあ。
I wonder if they sell soy sauce.
⭐カルチャー しょうゆ（soy sauce）は海外でも人気だが、大きなスーパーでしか手に入らない。日本のしょうゆとは味が違うことも。ペットボトル入りの緑茶も売られているが、現地の人の好みに合わせてかなり甘いこともある。

☐ 風邪薬は売ってるかな？
Let's see if they have cold medicine.
😊表現 Let's see if... ＝ ...かどうか確かめてみよう

☐ 好きな雑誌を立ち読みしちゃおう。
I'll go look at my favorite magazine.

病院

音声
1 -62

☐ 救急車を呼んでください！
Call an ambulance !

💡 **プラスα** ambulance＝救急車。パトカー＝patrol car

☐ どれくらい待ちますか？
How long do I need to wait?

☐ ゆうべから熱が38度あります。
I've had a 38-degree fever since last night.

⭐ **カルチャー** 摂氏＝Centigrade（Celsius）、華氏＝Farenheit。アメリカでは華氏を採用している。どちらを使うかは国によって異なるので、あらかじめ調べておこう。摂氏10度は華氏50度、20度は68度、30度は86度となる。

☐ 保険は使えますか？
Can I use my insurance?

☐ はっくしゅん！
A-choo !

☐ おだいじに！
Bless you !

😊 **表現** アメリカでは、だれかがくしゃみをすると、こう言う習慣がある。

☐ せきが止まりません。
My cough won't stop.

☐ のどがとても痛いんです。
My throat is terribly sore.

☐ 目のかゆみがあります。
My eyes are itchy.

😊 **表現** itchy＝かゆい

123

☐ 歯の詰めものが取れました。

My filling just fell out.

🙂 **表現** filling ＝ 詰めもの、fall out ＝ 取れる、はずれる

☐ 親知らずが痛みます。

My wisdom tooth hurts.

🙂 **表現** wisdom tooth ＝ 親知らず

☐ ひどい頭痛です。

I have a terrible headache.

💡 **プラスα** headache ＝ 頭痛。腹痛 ＝ stomachache、腰痛 ＝ backache

☐ 下痢になりました。

I have diarrhea.

💡 **プラスα** loose bowelsとも言う。腸（bowels）がゆるくなる（loose）ということ。

☐ 腹痛が止まりません。

My stomach still hurts.

☐ インフルエンザのワクチンを打ってください。

I'd like to get a vaccination for the flu.

🙂 **表現** vaccination ＝ ワクチン接種をする、the flu ＝ インフルエンザ

☐ 鋭い痛みです。

It's a sharp pain.

🙂 **表現** sharp ＝ 鋭い

☐ 鈍い痛みです。

It's a dull pain.

🙂 **表現** dull ＝ 鈍い

☐ ズキンズキンするんです。

It's a throbbing pain.

🙂 **表現** throbbing ＝ ズキン、ズキンというような

☐ ぎっくり腰になりました。とても痛いです。

I strained my back. It hurts so much.

□ どれくらいで治りますか?
How long will it take to heal?
　😊 表現　heal ＝ 治る

□ 鬱病かもしれません。
I might be depressed.
　😊 表現　be depressed ＝ 鬱の状態である

□ ぜんそくの持病があります。
I have chronic asthma.
　💡 プラスα　chronic ＝ 慢性の。I have allergies.（アレルギーがあります）

□ 漢方薬は処方できますか?
Can you prescribe a Chinese herbal medicine?
　❗ 注意　Chinese herbal medicine ＝ 漢方薬。現地の人は飲み慣れていても、日本人の体質に合わないこともあるので注意。

□ 痛み止めを出してください。
Please give me a pain killer.
　😊 表現　pain killer ＝ 痛み止め

□ とてもこの痛みに耐えられません。
I just can't stand this pain.

薬局
音声① -63

□ 花粉症の薬はありますか?
Do you have medicine for hay fever?
　😊 表現　hay fever ＝ 花粉症。hayは干し草のこと。

□ 生理痛がひどいのですが。
I have terrible menstrual pains.
　💡 プラスα　生理痛はcrampsとも言う。I have terrible cramps.（生理痛がひどいの）

☐ どっちの薬がよく効きますか?

Which medicine works better?

> ⭐**カルチャー** アメリカではほとんどの薬がドラッグストアで買える。奥に薬局があり、症状の相談に乗ったり、薬を処方してくれたりするところが多い。

☐ 二日酔いにはこの薬がよく効きます。

This medicine works well for a hangover.

☐ ダイエットに効くサプリメントを探しています。

I'm looking for diet supplements.

> 😊**表現** diet supplement＝ダイエット用サプリメント

☐ オーガニックサプリメントはありますか?

Do you have organic supplements?

☐ 子ども用の風邪薬を探しています。

I'm looking for cold medicine for kids.

☐ ねんざに効く湿布をください。

Please give me a compress for my sprain.

> 😊**表現** compress＝湿布

☐ 食後に毎回3錠飲んでください。

Take three tablets after each meal.

> 😊**表現** tablet＝錠、after each meal＝毎食後

☐ 副作用の心配はいりません。

You don't need to worry about side effects.

> 😊**表現** side effect＝副作用

☐ 効かなかったら、また来てくださいね。

Please come again if it doesn't work.

☐ どうぞおだいじに!

Please take care !

銀 行

音声
1 -64

○ 口座を開きたいのですが。

I'd like to open an account.

💡 **プラスα** open an account ＝口座を開く。アメリカでは普通預金のことをsavings accountと言う。

○ ATMの使い方を教えてください。

Please tell me how to use the ATM.

○ ATMからカードが出てきません。

I can't pull out my card from the ATM.

😊 **表現** pull out... ＝ ...を引っ張って出す

○ 何時までATMは使えますか?

Until what time can I use the ATM?

○ 現金を引き出したいんですが。

I'd like to withdraw money from my account.

😊 **表現** withdraw ＝お金を引き出す

○ 振り込みをしたいんですが。

I'd like to transfer money.

😊 **表現** transfer ＝振り込む

○ キャッシュカードをなくしてしまいました。

I've lost my bankcard.

💡 **プラスα** キャッシュカードはbankcard、またはATM cardと言う。

○ 残高が底をつきました。

I don't have any balance left in my account.

😊 **表現** balance ＝残高

○ 日本からお金を電子送金してもらいたいのですが。

I'd like to have some money wired from Japan.

127

◻ おそれいりますが、お客様のカードは現在お使いになれません。
We're sorry, but your card cannot be accepted at this time.

◻ 時間外の手数料はいくらですか?
How much is the fee outside of regular banking hours?

😊 表現 outside of regular hours ＝ 営業時間外

◻ 口座の解約をしたいんですが。
I'd like to close my account.

😊 表現 close one's account ＝ 口座を閉じる

郵便局

音声 1 -65

◻ 25セントの切手を2枚ください。
I'd like two 25-cent stamps, please.

◻ 日本へ小包を航空便で送りたいのですが。
I'd like to send this package to Japan by air.

⭐ カルチャー フランスの郵便局から日本へ、ワイン半ダース2箱を航空便で送ろうとしたら、送料が3万円以上なんてことも。重量制限以内なら個人の荷物として飛行機に乗せられるので、あらかじめ購入店でしっかり包装してもらおう。

◻ 郵送料はいくらですか?
How much is the postage?

◻ 日本にいつぐらいに届きますか?
When can I expect it to arrive in Japan?

◻ 速達でお願いします。
I'd like to send it by express mail.

CHAPTER 4

買い物・グルメ

ショッピング①

店内

☐ 何をお探しですか?

May I help you?

💡 プラスα 店に入ると最初にかけられる言葉。Are you looking for something?(何かお探しですか?)と尋ねられることも。

☐ 見てるだけです。

Thanks. I'm just looking.

😊 表現 just looking = ただ見ている

☐ ええと、姪のためにすてきなセーターを探しています。

Well, I'm looking for a nice sweater for my niece.

☐ これはいくらですか?

How much is this?

☐ ちょっと高すぎます。

I think the price is too high.

☐ これ買います。

I'll take this.

😊 表現 take = 買う

☐ クレジットカードは使えますか?

Can I use a credit card?

☐ まけてください。

Can you give me a discount?

⭐ カルチャー give a discount = ディスカウントをする。市場などと違って、デパートではその場でのディスカウントはしない。日本同様、海外でも夏と冬に大きなセールを行うので、その時期を狙って行くとよい。

☐ まとめて買ったら安くなりますか?

Is it cheaper to buy in bulk?

💡 プラスα in bulk = まとめて。Is it cheaper to buy two pairs instead of one?
（1足買うより2足買ったほうがお得ですか?）

☐ 少し考えます。

I'll think it over.

😊 表現 think over = もう少し考える

☐ プレゼント用に包んでください。

Could you wrap it up as a present?

😊 表現 wrap...up = ...を包装する

☐ またあとで来ますね。

I'll come back later.

😊 表現 店員との交渉で、その場を立ち去りにくいときは、こう言うとよい。

デパート・スーパー

音声 1 -67

☐ 開店時間は何時ですか?

When is this store open?

☐ カートを持って来て。

Get us a shopping cart.

😊 表現 Get us... = ...を取って来て。家族や友だちに「取って来て!」とカジュアルに頼むときに。

☐ 紳士服売り場は何階ですか?

Which floor sells men's clothes?

💡 プラスα 婦人服 = women's clothes、子ども服 = children's clothes

☐ おもちゃ売り場はどこですか?

Where can I find toys for children?

☐ レストランの階はどこかしら?

Where are the restaurants?

★ カルチャー 欧米でもデパート内にレストランやコーヒーショップが入っているが、その数や種類は日本ほど充実していない。food court(フードコート)で軽食をとる人も多い。

☐ エレベーターは混んでるよ。

The elevator looks crowded.

★ カルチャー 海外のデパートはワンフロアの売り場面積は広いが、高層の建物は少ない。

☐ エスカレーターで行こう。

Let's take the escalator.

☐ 8階をお願いします。

Could you push the 8th floor button, please?

☐ レインシューズは売ってますか?

Do you sell rain boots?

😊 表現 rain boots = レインシューズ

☐ 再入荷はありますか?

Will they be arriving soon?

💡 プラスα arrive = 入荷する。come in とも言う。

☐ 二、三日で入荷する予定です。

They are coming in a few days.

☐ 同じものを買えるお店はほかにありますか?

Is there another store where I can buy the same one?

☐ 野菜が高い。

Vegetables are expensive.

💡 プラスα 日用品 = everyday items、生鮮食品 = perishable food、冷凍食品 = frozen food、菓子 = sweets / snacks、飲料 = beverages、酒類 = liquors、惣菜 = precooked food / delicatessens

☐ アイスがお買い得みたいよ。

Ice cream is on sale.

> 😊 表現 on sale ＝ セールになっている

☐ 見切り品を見てみよう。

Let's go see if there are any bargains.

> 😊 表現 bargain ＝ バーゲン、見切り品

☐ 麺類はどこですか？

Where can I find noodles?

☐ 閉店間際で半額だ。

Everything will be on sale just before the store closes.

☐ レジが混んでるなあ。

The cashier looks busy.

☐ ほかの列に並ぼう。

Let's get in the other line.

☐ 袋はいりません。

I don't need a bag.

☐ エコバッグがあります。

I have a reusable bag.

☐ 大きなお金しかないや。

I only have large bills.

> 😊 表現 large bills ＝ 1万円のような高額の紙幣

☐ おつり、間違えてますよ。

You gave me the wrong change.

> 😊 表現 wrong change ＝ 間違ったおつり

THEME 18 ショッピング②

洋品店

音声 i -68

☐ 試着したいんですが。
I want to try it on.
💡 プラスα try on... = ...を試着する。Can I try on that green sweater?(あの緑の
セーターを試着できますか?)

☐ よくお似合いです。
It really looks nice on you.
★ カルチャー 海外の店員は日本人ほど愛想がよくないので驚かないこと。しかし中にはIt's
just perfect for you!(お客様にぴったりですね!)などと愛想のよい人もいる。

☐ サイズはぴったりです。
This is the perfect size for me.
😊 表現 perfect size = ぴったりなサイズ

☐ 色違いはありますか?
Do you have this in different colors?

☐ もう少し落ち着いた色味はありますか?
Do you have anything in a more subdued color?
💡 プラスα subdued = 落ち着いた。toned-down colorとも言う。カラフルで派手な色
= vivid color

☐ ちょっと大きいみたいです。
I think the size is too big.
💡 プラスα too big = 大き過ぎる。小さ過ぎる = too small。Do you have a smaller
size?(もう少し小さなサイズはありますか?)

☐ これよりワンサイズ大きいのをお願いします。
I'd like to try one size larger.
💡 プラスα one size larger = ひとまわり大きい。ひとまわり小さい = one size smaller

○ もう少し長めにできますか?
Can you make the length a little longer?
> ☺ **表現** make...a little longer(shorter) ＝ ...を少し長め(短め)にする

○ お客様の足は6.5（23.5センチ）くらいですね。
I think your foot size is about 6.5.
> ★**カルチャー** 海外では、靴のサイズはほとんど「インチ」で表示。国や性別によってサイズが少し異なることも。

○ ぶかぶかですね。
They are too big for me.

○ ちょっときつい。
They are too tight for me.
> ☺ **表現** too tight ＝ きつ過ぎる

○ サイズ直しはできますか?
Can you resize it?
> 💡**プラスα** resize ＝ サイズ直しをする。tailorとも言う。

○ イメージと違います。
I'm looking for something a little different.
> 💡**プラスα** I'm looking for something more colorful.（もう少し派手なのが欲しいのですが）

○ 検討しますね。
I'll consider it.
> ☺ **表現** consider ＝ ちょっと考える

ハイブランド
音声 1 -69

○ ニューヨーク限定商品があると聞いたのですが。
I heard they are sold exclusively in NY.
> ☺ **表現** sold exclusively ＝ 限定で売られている

☐ いつごろ日本に入りますか?
When are they coming to Japan?

☐ 1週間くらいで入ると思います。
It'll take a week or so before it comes in.

☐ 日本円でいくらですか?
How much is this in yen?

😊 **表現** in yen = 円に換算すると

☐ オーダーメードをお願いします。
I'd like to have this custom-made.

😊 **表現** custom-made = オーダーメード

☐ 今シーズンの新作はどれですか?
Which one is from this season?

💡 **プラスα** 前シーズン = pre-season

☐ アンジェリーナ・ジョリーが着ていたドレスと同じものはありますか?
Do you have the same dress which Angelina Jolie was wearing?

☐ 今シーズンの人気の色はどれですか?
What is this season's color?

☐ 今シーズンは黒が流行です。
Black is the color for this season.

☐ すてきなデザインですね。
It's a nice design.

☐ メード・イン・パリですか?
Is this made in Paris?

❗ **注意** フランスの首都パリはParisとつづる。日本語ではパリと言うが、英語はsまで発音する。

☐ こちらで買ったドレスにしみがついているのですが。
I found a stain on the dress I bought here.

☺ 表現 stain＝しみ

☐ 新品と取り替えてください。
Please exchange this for a new one.

☐ 衝動買いしちゃった！
I bought them on impulse!

💡 プラスα on impulse＝衝動で。I did some impulse shopping!（衝動買いしちゃったよ！）

☐ 最後のひとつだって。
They said it's the very last one.

☺ 表現 the very last one＝本当に最後のひとつ。そんなふうに店員に言われるとつい買いたくなるもの。

ファストファッション

音声 1 -70

☐ このへんにH&Mはありますか?
Is there an H&M near here?

📖 文法 H&M、ユニクロ、ZARAなど若者に人気のファストファッションは、海外の大都市ならどこにでもある。特定の店舗を指していないときは、a UNIQLO、a ZARAなどと不定冠詞のaをつける。

☐ ユニクロ人気はすごいね。
UNIQLO is so popular everywhere.

☐ ジーンズに合うトップスを探しています。
I'm looking for a top which goes well with jeans.

☺ 表現 go well with ...＝...とよく合う

☐ 靴下をもう2足買い足したいな。
I want to buy two more pairs of socks.

📖 文法 socksは靴と同じく、a pair（pairs）of...と数える。

☐ 5足で1,000円だって!
It's 1,000 yen for five pairs of socks!
😊 **表現** for five＝5足で

☐ 2枚買うともう1枚ついてくるって。
If you buy two, you'll get one free.
😊 **表現** get...free＝...が無料になる

☐ 最近はやりのファストファッション店みたい。
Recently everyone has been talking about this fast fashion shop.
😊 **表現** everyone talks about...＝...についてうわさしている（流行している）

☐ お財布にやさしいね。
They are quite reasonable.
😊 **表現** reasonable＝価格が安くてお手頃

☐ 早く日本にも上陸しないかな?
I hope they open up in Japan soon.
😊 **表現** open up＝1号店が開店する

古着
音声 ①-71

☐ 一点ものですか?
Is this one of a kind?
😊 **表現** one of a kind＝一点もの

☐ ここは古着の名店なんだって。
This shop is famous for second-hand clothes.
⭐ **カルチャー** second-hand clothes＝古着。old（used）clothesとも言う。古着は海外の大都市では若者の間で超人気。「1キロあたりいくら」の単位で売られており、掘り出しものを見つけに行く人も多い。

☐ レアものですね!
This is a rare item, isn't it!
😊 **表現** rare item＝レアもの

☐ 掘り出しものがあるかな。
I hope I can find a bargain.
😊 表現 bargain＝掘り出しもの

☐ いつの年代のものですか?
What era is this from?

☐ 70年代風だね。
This is 70's style, isn't it?
😊 表現 70's style＝70年代風

☐ ヒッピーテイストがかわいいな。
I love this hippie style.
😊 表現 hippie style＝ヒッピー風。70年代に流行した。

☐ 新品にはない趣がありますね。
It has a unique style which only second-hand clothes have.

☐ くたくたした感じが超好み!
I like that it looks worn out on purpose!
😊 表現 look worn out＝くたびれた感じに見える、on purpose＝わざと

☐ 年代物のジーンズを持って来ました。
I brought these vintage jeans to sell.

☐ 買い取りますよ。
I'll take them.
😊 表現 take＝買い取る

☐ 穴が開いてます。
There's a hole in them.

☐ 古着にはちょっと抵抗があるんです。
I'm not especially fond of old clothes.
😊 表現 be fond of ...＝...が好み

$

古
着

THEME 19 ショッピング③

雑貨・インテリア

音声 1 -72

☐ ヨーロッパの雑貨が好きです。

I like European knickknacks.

★カルチャー knickknacks ＝ 雑貨。日本の雑貨がかわいいことは海外でもよく知られている。彩りの美しいフランス、スタイリッシュなデンマークの雑貨も人気が高い。

☐ かわいい雑貨屋さん！

What a cute knickknacks store !

☐ このお店は品ぞろえがいいね。

They have a great variety of products.

☺ 表現 a great variety of ＝ 品ぞろえがよい

☐ 北欧の雑貨は置いてますか?

Do you have any Scandinavian goods?

☺ 表現 goods ＝ 雑貨

☐ 日本では買えない、おしゃれなデザインばかり！

You could never find such stylish goods in Japan !

★カルチャー stylish ＝ おしゃれな。北欧の日用品、家具、雑貨は、使いやすく、スタイリッシュなデザインで日本でも人気。

☐ 2人用のソファはありますか?

Do you have a love seat?

☺ 表現 love seat ＝ 2人掛けのソファ。カップルが好むことからこのような言い方をする。

☐ 柄違いはありますか?

Do you have this in a different pattern?

☐ 本棚はどんな種類がありますか?

What kinds of book shelves do you have?

☺ 表現 book shelves ＝ 本棚

○ 日本に配送可能ですか?
Can you deliver it to Japan?

☺ 表現 deliver＝配送する

○ カップが割れないように包んでください。
Please be careful with the wrapping so that the cup won't break.

💡 プラスα 飛行機の場合、割れものは機内手荷物にするのが安心。These cups are so fragile. Could you wrap them well?（カップが割れやすいので、しっかり包んでいただけますか?）

○ 重いから持って帰るの大変。
They're too heavy to bring back to Japan.

○ 私の趣味じゃないなあ。
It's not my taste.

☺ 表現 one's taste＝...の好み

○ ワンルームだから狭くて置けないよ。
This is too big to fit into my small studio.

❗ 注意 studio＝ワンルームのこと。「ワンルーム」は和製英語。

○ 返品はできますか?
Is it possible to return this?

☺ 表現 return＝返品する

CD・本

○ 今日発売される予定なんですが。
I'm sure it's being released today.

☺ 表現 release＝CDやゲームを発売する

○ もう売り切れだって。
They are already out of stock.

☺ 表現 out of stock＝品切れである

☐ 今、だれが人気なの?

Who's hot now?

> 💡 プラスα hot = 流行している。trendy／popularとも言う。Who is the trendiest artist these days?(今人気のアーティストはだれですか?)

☐ このアーティストの大ファンなんです。

I'm a big fan of this artist.

> 💡 プラスα a fan of... = ...のファンである。I'm a great fan of Ryuichi Sakamoto. (坂本龍一の大ファンです)

☐ クラシックはどこに置いてありますか?

Where's the classical music section?

> 💡 プラスα ポップス = pop music、映画音楽 = movie soundtrack、ロック = rock music、ジャズ = jazz(jazz music)

☐ このCDの世界ランキングを教えてください。

What's the world ranking of this CD?

☐ よくジャケ買いしちゃいます。

Sometimes I buy it just because of the cover.

☐ この作家の本をよく買います。

I buy many of his books.

☐ 洋書を探しているんですが。

I'm looking for English paperbacks.

> 💡 プラスα 写真集 = photo books、まんが = cartoons(manga)、ビジネス書 = business books、児童書 = children's books、雑誌 = magazines、ペーパーバック(日本でいう文庫本) = paperbacks

---

☐ サイン本ありますか?

Do you have a book with his autograph?

> ⚠ 注意 autograph = サイン。契約書などに記すサインは、signatureと言うので注意して。

☐ サインしてください。

Can I have your autograph?

□ 私の名前も入れてもらえますか?

Can you address it to me?

😊 表現 adress it to... = ...あてに書く

□ 朗読会に参加したいな。

I want to attend a poetry reading.

⭐カルチャー poetry reading = 朗読会。アメリカの図書館では子どもを対象にした絵本の朗読会が定期的に行われている。親子で参加し、いっしょに楽しむ様子はほほえましい。著者が新作を朗読するイベントもよく行われる。

土産もの

□ ここの名産は何ですか?

Are there any local specialities?

😊 表現 local specialities = 土地の名産

□ おすすめのお土産はありますか?

Are there any good souvenirs in this area?

😊 表現 souvenir = 土産

□ 人気のお土産は何ですか?

What are the most popular souvenirs?

□ 家族にお土産を買って行かなきゃ。

I need to get some souvenirs for my family.

□ このお菓子はどのくらい日もちしますか?

How many days will this stay fresh?

😊 表現 stay fresh = 日もちする

□ 常温でも平気ですか?

Can we keep it at room temperature?

😊 表現 at room temperature = 常温で

☐ 賞味期限はいつまでですか?

What's the expiration date?

> 😊 表現 expiration date ＝ 賞味期限

☐ 小袋をください。

Can I have small bags?

☐ 小分けにできますか?

Can you separate it into small portions?

> 😊 表現 separate ... into small portions ＝ ...を小分けする

☐ においがもれないように包んでください。

Please wrap it carefully so that the smell won't leak out.

> 💡 プラスα leak out ＝ においが外にもれ出す。海外には香りの強い製品が多い。スーツケースの中に香水などを入れておくと、においが移ってしまうことがあるので注意。

☐ 喜んでくれるかな。

I hope they like it.

> 💡 プラスα I hope you like it.(喜んでいただけるとうれしいです)

☐ 自分用にも買っちゃおう。

I'll get one for myself, too.

> 😊 表現 get one for myself ＝ 自分用に買う

☐ お土産リストを作っておこう。

I'll make a souvenir list.

> 😊 表現 souvenir list ＝ お土産リスト

☐ これらのワインは、日本へ航空便で送れますか?

Can I send these bottles of wine to Japan by air?

☐ じかにお持ちになったほうが無難かと思います。

I recommend you take them with you, because the bottles might break.

THEME 20 グルメ①

飲食店選び

☐ 何か食べたいものある?
Is there anything in particular you want to eat?
😊 **表現** anything in particular = 何かとくに

☐ エッグタルトは絶対食べたい!
I definitely want to try the egg tart!
😊 **表現** definitely = 絶対に、try = 試す

☐ タイ料理が食べたいです。
I want to eat Thai.
💡 **プラスα** フレンチ = French、イタリアン = Italian、中華料理 = Chinese、和食 = Japanese、創作料理 = fusion

☐ パスタがおいしいお店だよ。
This restaurant is famous for pasta.

☐ トム・クルーズがプロデュースしてるお店に行こうよ。
Let's go to Tom Cruise's restaurant.

☐ 行ってみたいお店があるの。
There's a restaurant I've always wanted to go to.

☐ ガイドブックには載ってないお店に連れてって欲しいな。
Take me to a restaurant which is not in the guidebook.
💡 **プラスα** ガイドブックに載っていない、知る人ぞ知る店を探すのは、旅先ではなかなか難しい。あらかじめインターネットで探しておくのが安心だ。いざとなったら、行列ができている度合いや、混雑している店に入ってみるのも手。

☐ 子連れオーケーのお店はありますか?
Do you know a restaurant that's good for kids?

☐ 地元の人がよく行くお店は?
Where can I find restaurants that locals love to go to?
⭐ カルチャー locals＝地元の人。地元の人がよく行く店は安くておいしい場合が多い。ホテルで情報を仕入れてみよう。

☐ 安くておいしいお店です。
It's a nice and reasonable restaurant.

☐ 予約しておいたほうがいいですよ。
You'd better make a reservation in advance.
😊 表現 in advance＝あらかじめ

☐ 雰囲気のあるお店です。
This restaurant has atmosphere.
😊 表現 atmosphere＝雰囲気

☐ 行列してるね。
People are waiting in a long line.

☐ 満席みたいだ。
I think there aren't any tables left.

☐ 横入りしないでください。
Don't cut in.
😊 表現 cut in＝横入りをする

☐ 列の後ろはあそこです。
The end of the line is over there.

☐ 禁煙席でお願いします。
The non-smoking area, please.
💡 プラスα 喫煙席＝smoking area

☐ あの席が空いたら移動していいですか?
When that table is vacant, can we move there?

☐ 何になさいますか?
May I take your order?

☐ メニュー見せてください。
Can I see the menu?

☐ おすすめのメニューは何ですか?
What do you recommend?

💡 プラスα What are today's specials?（今日のスペシャルは何ですか？）

☐ 日本語のメニューはありますか?
Do you have a Japanese menu?

☐ ベジタリアンなんですが。
I'm a vegetarian.

☐ 子ども用の椅子を持って来てもらえますか?
Could you bring a booster seat?

💡 プラスα booster seat＝子ども用の椅子。high chairとも言う。

☐ おしぼりはありますか?
Do you have "oshibori"?

💡 プラスα 日本語の"oshibori"が通じないときはhand towelと言おう。

☐ 食べられないものはありますか?
May I ask if there is anything you can't eat?

☐ 小麦にアレルギーがあります。
I have an allergy to wheat.

☐ 宗教上、飲食できないものはありますか?
Do you have any religious restrictions on food and beverages?

😊 表現 religious restrictions＝宗教上制限があるもの

注文

□□□ をください。

May I have the □□□ ?

パスタ
pasta

$15

LIGHT MEALS

パエリア
paella

$20

パニーニ
panini

$5.0

ピザ
pizza

$15

注文

サラダ
salad
$7.0

ハンバーガー
hamburger
$10

巻きずし
sushi rolls
$7.0

ラーメン
ramen
$10

チャーハン
fried rice
$5.0

春巻き
spring rolls
$3.0

DESSERTS

アップルパイ
apple pie
$1.0

エッグタルト
egg tart
$0.50

☐ お肉は全部抜いてください。
Please take out the meat.

> 😊 表現 take out... = ...を抜く

☐ 焼き加減はミディアムレアでお願いします。
I'd like my steak medium rare, please.

> 💡 プラスα medium rare ＝ミディアムレア。レア＝ rare、ミディアム＝ medium、ウェルダン＝ well-done

☐ 今日のお魚は?
What's today's fish?

> 💡 プラスα What's today's soup?(今日のスープは何ですか?)

☐ Aコースでお願いします。
Can I have Course A?

☐ どれくらいの量ですか?
How big is the dish?

> ⭐ カルチャー 海外では必ずといっていいほど、一皿分の量が多い。店員に量を確かめてから注文するのが得策だが、smallといっても実際にはかなり大きいので注意して。

☐ シェアしたいのですが。
Can we share?

> 😊 表現 share ＝シェアする

☐ その料理は終わってしまいました。
Sorry, we've run out of that.

> 😊 表現 run out of... = ...はもうない

☐ ドリンクはつきますか?
Is a drink included?

> 😊 表現 be included ＝込みである

☐ 飲みもののメニューをください。
Can I have the beverage menu?

> 😊 表現 beverage ＝アルコールを含む飲みもの全般

☐ ビール2杯ください。
We'll have two beers.
🔵 **文法** ビールがグラス1杯ならa beer、2杯ならtwo beers

☐ ノンアルコールドリンクはありますか?
Do you have non-alcoholic drinks?
😊 **表現** non-alcoholic＝ノンアルコールの

☐ この地方で一番人気のお酒をください。
I'd like the most popular drink of this area.

☐ コーヒーは食後にお願いします。
We'll have coffee, later.

$
注
文

☐ おかわりをください。
Can I get a refill, please?
😊 **表現** refill＝コーヒーなどのおかわり

☐ デザートも食べたい!
I want to eat dessert, too!

☐ 注文の取消しはできますか?
Can we cancel the order?

☐ 頼んだメニューと違うみたい。
Looks like they brought us something we didn't order.
💡 **プラスα** まったく違う料理を出されたら、This is not what we ordered.(これは頼んでいません)とはっきり言おう。

☐ シメに、ご飯と漬物を食べたい。
I'll have rice and pickles at the end of the meal.
⭐ **カルチャー** メイン料理のあとにご飯ものを食べるのは日本独特。海外ではメインのあとにはデザートを食べる。

☐ もうラストオーダーです。
This is the last order.

151

THEME 21 グルメ②

食 事

音声 2 -03

☐ 超お腹すいた!
I'm dying of hunger!
😊 **表現** die of hunger = お腹すいて死にそう

☐ おいしそう!
This looks delicious!

☐ このお皿、下げてください。
Could you take this plate away?
⭐ **カルチャー** take the plate away = 皿を下げる。海外では食べ終わるとすぐに皿を下げる店が多いので、まだ食事中であれば、I'm still eating.(あっ、まだ食べています)と言おう。

☐ もう食べられない。
I'm just so full. I can't eat anymore.

☐ 待ち時間はどのくらいですか?
How long is the wait?
😊 **表現** wait = 待ち時間

☐ フォークを落としてしまいました。
I dropped my fork.

☐ 髪の毛が入ってます。
I found a hair in my food.

☐ コーヒーがぬるいんですが。
This coffee is not hot enough.
⭐ **カルチャー** not hot enough = ぬるい。アメリカでは「コーヒーが熱過ぎてやけどした」と訴えた人がいる。訴訟の国、アメリカならではのエピソード。

152

○ ああ、おいしかった！
Wow, that was good!

> プラスα That was fantastic!（すばらしい！）

○ すっごいおいしい！
This is so delicious!

○ すばらしいディナーでした。
I've never had such an excellent dinner.

○ あぶらっぽいね。
The food is too oily.

> 表現 oily＝あぶらっこい。しつこい＝too rich、甘い＝sweet、苦い＝bitter、辛い＝hot、すっぱい＝sour

○ 猫舌なんです。
I don't like my food or drink too hot.

> 表現 「猫舌」という表現は、英語に存在しない。フレーズを直訳すると「私は熱過ぎる食べものや飲みものは好きじゃない」となる。

○ 口の中でとろけます。
It melts in my mouth.

○ 歯ごたえ抜群ですね。
It's cooked al dente.

> プラスα al dente＝（パスタなどが）歯ごたえがある。パスタのゆで具合を表す「al dente（アルデンテ）」はイタリア語。

○ ふわふわです。
It's fluffy.

> 表現 fluffy＝ふわふわしている

○ ぱりぱりだ！
It's crispy!

> 表現 crispy＝ぱりぱりしている

食事／味・食感

153

☐ 熱々のできたてですね！
It came right out of the oven. Very good！

☐ さくさくした歯ごたえが最高。
I love this crispness.

☐ 固いですねえ。
It's tough.
😊 表現 tough＝（肉が）固い

☐ ねばねばするのは何ですか?
What's this sticky stuff in the dish?

☐ 今までに食べたことのない味だ。
I've never tried something like this before.

☐ 日本料理では「だし」が重要です。
"Dashi" is an important ingredient in most Japanese dishes.
⭐カルチャー ingredient＝材料。日本が誇るdashi（だし）は、海外でも認知されつつある。昆布だし＝kelp-based dashi、かつおだし＝bonito-based dashi

☐ あんまりおいしくなかったね。
That wasn't very good, was it?

☐ 評判ほどじゃないね。
It wasn't as good as I heard.
😊 表現 not as good as one heard＝聞いたほどではない、評判どおりではない

会 計
音声 2 -05

☐ お会計お願いします。
Check, please.
⭐カルチャー 言葉にしなくても、手で何か書くふりをするだけで会計を頼んでいることがわかる。これは世界共通のジェスチャー。

○ 会計はテーブルでします。
Please bring the check to the table.

○ 割り勘にしましょう。
Let's split the bill.

> ★カルチャー split the bill = 割り勘にする。この場合のbillは紙幣ではなくて勘定のこと。
> 欧米では通常割り勘だが、自分から誘ったときは相手におごることもある。

○ ひとり25ドルです。
25 dollars per person.

○ チップはいくら置けばいいのかな?
How much tip should we leave?

> ★カルチャー よいサービスを受けた場合、アメリカでは多少のチップをテーブルに置いて
> おくか、カードの支払いに上乗せすることが多い。チップは国によって習慣が
> 異なるので旅行前に調べておこう。

○ 今日はごちそうしますよ。
Today, this is on me.

> ☺ 表現 on me = 私がおごる

○ 領収書いただけますか?
Could I have a receipt?

○ 計算が間違っています。やり直してもらえますか?
I think the bill is wrong. Can you recalculate it?

> ☺ 表現 recalculate = 計算し直す

○ 値段も味もよかったね。
That was good and reasonable.

○ 思ったより安かったわ。
It was less expensive than I expected.

> ☺ 表現 less expensive than... = ...より安い

国で異なる食事のマナー

音を立てる・立てない

　食事のとき、口で音を立てるのはマナーに反すると欧米人は考える。一方、アジアではおいしそうに音を立てることを気にする人はあまりいない。日本人が汁入りの麺類を音を立ててすするのは、初めて見る外国人には衝撃だったりもするが、Ramen（ラーメン）の人気上昇にともない、いずれ世界の常識となる日が来るかもしれない？！

道具が違う！

　欧米人はフォークとナイフを使い、日本、中国、韓国などでは箸を使う。同じ欧米でもヨーロッパでは左手にフォーク、右手にナイフを持って食べる。アメリカ人は食べものをナイフとフォークで切り分けたあと、フォークを右手に持ち替えて食べる人が多い。イスラム教徒、ヒンズー教徒の多くは、もっとも清浄な食べ方として手を使う。

国によって食べるものが違えば、食べ方も異なる。その国での常識が他の国では失礼だったり、不思議だと思われたりすることも。国や地域による食べ方やマナーの違いを知れば、要らぬ誤解も招かない。

料理の食べ方

鍋をみなでつついて食べるのは日本や韓国独特の食文化。国によっては、同じ鍋を各自の箸やスプーンでとって食べるのは不衛生だと考える人もいる。日本人はスープの入った小皿を食べやすい位置まで持ち上げて食べるが、韓国ではテーブルに置かれた皿に顔を近づける。欧米では食器をテーブルから離して食べるのはマナー違反だ。

ごちそうさまのとき…

かつての日本では茶碗(ちゃわん)に米粒を残すと「罰が当たる!」と年長者に戒められた。出されたものは残らず食べるのが礼儀と日本人は考える。しかし世界には、残さず食べるのは貧しくてケチくさいと考える国や、韓国のように、残すのは「もうお腹がいっぱい(つまり充分にもてなされた)」という意思表示となる国もある。

THEME 22 グルメ③

ファストフード

音声 2 -06

☐ 店内で召し上がりますか? それともお持ち帰りですか?
For here or to go?

😊 **表現** ファストフード店でよく尋ねられるフレーズ。for here ＝ 店内で食べる、to go ＝ テークアウトする

☐ お店で食べます。
For here.

☐ モーニングセットください。
Can I have the breakfast set, please?

⭐**カルチャー** アメリカ人の朝食はベーコン、卵、トースト、コーヒーと量が多い。果物がたっぷり添えられたパンケーキも人気だ。一方、ヨーロッパに多いコンチネンタル・ブレックファストは、パンとコーヒーに果物のみと、いたってシンプル。

☐ トレーはこちらに戻してください。
You can return your tray here.

☐ 飲みものは何になさいますか?
What would you like to drink?

☐ ホットコーヒーをお願いします。
Can I have a hot coffee?

💡**プラスα** 「アイスコーヒー」は和製英語。英語ではiced coffeeと言う。

☐ ミルクと砂糖をつけてください。
With cream and sugar, please.

❗**注意** 日本人が頼むミルクはcreamのこと。milkと言うと牛乳が出てくる。

☐ ハンバーガーとポテトのセットをください。
I'd like a hamburger with french fries on the side.

😊 **表現** on the side ＝ 隣に（添える）

158

○ ピクルスは抜いてもらえますか?
Could you take out the pickles?

○ ケチャップをつけてください。
I'd like some ketchup.

○ コーラはLサイズをください。
A large Coca Cola, please.

○ ストローください。
Can I have a straw?

○ Wi-Fiは使えますか?
Can I use Wi-Fi here?

カフェ

音声
2 -07

○ すてきなカフェだね!
It's a nice cafe !

⭐カルチャー 海外のほとんどの大都市には、スターバックスやタリーズなどのシアトル系コーヒーショップがある。店内でパソコンを使ったり、本を読んだりしてくつろぐ姿は世界共通だ。

○ ペットの同伴可ですか?
Are pets allowed inside?

😊 表現 pets are allowed ＝ペット同伴オーケー

○ 外の席でお願いします。
We'd like to sit outside, please.

⭐カルチャー sit outside ＝外の席に座る。ヨーロッパでは外のテラス席での食事を好む人が多い。店内は日本より、明かりが暗いことがほとんど。

○ 席は店内がいいな。
An inside seat is good.

159

☐ お水のおかわりください。

Can I have some more water?

★カルチャー 水が無料なのは日本だけと思っていたほうがよい。国によっては、ビールやワインより水のほうが割高ということがよくある。

☐ ケーキのテークアウトはできますか?

Could we get this cake to go?

☺ 表現 get ... to go ＝ ...（通常は店内で食べるもの）をテークアウトする

☐ このお店、雑誌で紹介されてたよ。

This cafe was featured in a magazine.

☺ 表現 be featured ＝ 雑誌などで取り上げられる

屋台・ワゴン
音声 2 -08

☐ この屋台は何を売ってるの?

What's this stall selling?

★カルチャー stall ＝ 屋台。東南アジアに行くと、屋台で食べものを売っている光景をよく見かける。値段も安くておいしい。

☐ これは何ですか?

What is this?

☐ この中から選ぶんですか?

Do we choose from among these?

☺ 表現 choose from... ＝ ...から選ぶ

☐ 地元で人気の屋台はどれですか?

Which stall is most popular in this area?

☐ この点心は1個いくらですか?

How much is this dumpling?

💡 プラスα 飲茶＝dim sum、春巻き＝spring roll、ギョーザ＝Chinese dumpling、シューマイ＝steamed dumpling、ウーロン茶＝oolong tea、ジャスミン茶＝jasmine tea

☐ そのシューマイをください。
I'll have that steamed dumpling, please.

☐ あれと同じものをください。
Can I have the same thing?

☐ できたてだね。
Wow, they are still steaming.

💡 プラスα steaming = 湯気が出ている。These dumplings are steaming hot, watch out!（できたてで超熱いよ、気をつけて！）

☐ お茶のおかわりをください。
Can I have some more tea?

🌀 文法 この場合のteaは数えない。

☐ デザートはありますか?
Do you have any desserts?

☐ いいにおいですね。何のにおいですか?
Smells good. What is it?

☐ この料理は何のスパイスを使っていますか?
What spices are used in this dish?

☐ 氷はいりません。
I don't want ice cubes in my drink.

😊 表現 ice cubes = 飲みもの用の氷

☐ 遅いけどお腹減ったな。ラーメン食べに行かない?
It's so late but I'm still hungry. Let's go eat ramen noodles!

☐ 屋台のはしごをしようよ。
Shall we stop by another stall?

😊 表現 stop by... = ...をはしごする

☐ ごみ箱はありますか？
Is there a trash can?
> 😊 **表現** trash can ＝ゴミ箱

☐ 小腹がすいてきたよ。
I'm still...a little bit hungry.

テークアウト
音声 2 -09

☐ 包んでもらえますか？
Could you wrap them?

☐ 持ち帰ります。
For take out, please.
> 💡 **プラスα** 「持ち帰る」は、To go, please.／We'll have it to go.などの言い方もある。

☐ 袋に入れなくて結構ですよ。
We don't need a bag.

☐ 別々にしてください。
Can you put them in separate bags?
> 😊 **表現** put in... ＝...に入れる

☐ サンドイッチを買って公園で食べましょう。
Let's buy sandwiches and eat them in a park.

☐ 紙ナプキンを入れておいてください。
Could I have some paper napkins?

☐ お箸は2人分お願いします。
Two sets of chopsticks, please.
> 🌑 **文法** chopsticksと複数形に。2本で1組みなので、a set／pair of chopsticksと言うのが正式な表現。

THEME 23 アルコール

飲み会

音声 2 -10

☐ 飲み放題プランにしよう。

Let's order the all-you-can-drink plan.

💡 プラスα all-you-can-drink ＝ 飲み放題。食べ放題 ＝ all-you-can-eat

☐ 好き嫌いはありますか?

Is there anything you like or dislike?

💡 プラスα Do you have likes and dislikes?(好き嫌いはある?)

☐ お酒は飲めますか?

Can you drink alcohol?

💡 プラスα 欧米には酒の強い人が多い。本当に飲めないときは、I'm allergic to alcohol, so I'm having ginger ale.(アルコールアレルギーなので、ジンジャーエールで結構です)などと言って断ろう。

☐ お店はどこにしましょうか?

Let's decide on a restaurant first.

😊 表現 decide on... ＝ ...について決める

☐ 4人で午後7時から予約をお願いします。

We'd like to make a reservation. Four people for 7:00 p.m., please.

😊 表現 make a reservation ＝ 予約する

☐ 3000円コースにしました。

We decided on the 3,000 yen course dinner.

☐ 乾杯!

Cheers!

⭐ カルチャー Shall we make a toast?(乾杯しましょうか?)乾杯はその国の言い方で発することが多い。その場に日本人が多ければ、Kanpai!と祝うこともある。イタリア ＝ Cin cin(チンチン)、フランス ＝ À votre santé(ア・ヴォートル・サンテ)、スペイン ＝ Salud(サルー)、タイ ＝ Chai Yoo(チャイ・ヨー)

$ テークアウト／飲み会

163

☐ イッキ! イッキ!
Chug it!
> 😊 表現 Chug it! = 飲め! 大学生などが使うかけ声。

☐ あんまり飲み過ぎないようにね。
Don't get too drunk.
> 😊 表現 get drunk = 酔っ払う

☐ とりあえず、ビールください。
We'll start off with beer.

☐ ワインは白ワインでいいかな?
Let's have white wine. Is that OK with everybody?
> 😊 表現 be OK with... = ...にとってそれでよい

☐ お通しです。
Here's the appetizer.
> ⭐ カルチャー 海外では「お通し」の慣習はない。しいていえばappetizerがそれにあたる。

☐ おつまみ、もっと頼んだほうがいい?
Should we order more side dishes?
> 😊 表現 side dishes = つまみ。ピーナッツやせんべいであればsnackでよい。

☐ 酔っぱらっちゃったみたい。
I'm wasted.
> 💡 プラスα be wasted = すごく酔っぱらっちゃった。少し酔っぱらった = be tipsy

☐ グラス割っちゃった!
Sorry, I broke my glass!

☐ 二次会、行きましょう!
Let's go to another place for some more drinks!

☐ 終電逃しちゃった。
We've missed the last train.
> 😊 表現 the last train = 最終電車

◯ まだお金払っていない人いませんか?
Is there anyone who hasn't paid?

◯ いっぱい飲んだので、多めに払います。
I drank more than anybody else. Let me pay more.
> ★カルチャー 海外でもたくさん飲んだ人がより多く支払うケースはあるが、女性が少なめに
> 払う慣習は日本を含むアジアの特徴。欧米では男女差別だと反発を買うかも。

◯ 記憶がありません。
I don't remember anything from last night.

◯ 昨日は飲み過ぎて、家に帰ったとたんバタンキューだよ。
I drank too much last night. I passed out as soon as I got home.
> ☺ 表現 pass out = 酔ってバタンキューと寝てしまう

バー

◯ 静かですてきなバーですね。
It's a nice, quiet bar.

◯ 隠れ家的なバーだね。
This bar is really hidden.
> ☺ 表現 be hidden = 隠れている

◯ ウイスキーはどんな種類があるんですか?
What kind of whisky do you have?

◯ バーボンのロックをください。
I'd like a bourbon on the rocks.
> 💡 プラスα ウイスキーの水割り = a whisky-and-water

◯ 飲みやすいカクテルって、ありますか?
Do you have cocktails that are not so strong?

☐ 私をイメージしてカクテルをつくってください。

Could you make a special cocktail just for me?

😊 表現 just for me ＝私のためだけに

☐ お水ください。

Give me water, please.

☐ おつまみは何がありますか?

What kinds of snacks do you have?

😊 表現 snack ＝つまみ

☐ 何かお腹にたまるものはできますか?

Is there something more filling?

😊 表現 more filling ＝腹にたまる

☐ 同じもののおかわりを。

Can I have more of this?

😊 表現 more of this ＝同じものをもっと

☐ チャージが500円かかります。

The seating charge is 500 yen.

★カルチャー seating charge ＝座席料。欧米では座席料は課されないが、サービス料は
きっちり請求される。

☐ あちらの男性からです。

This drink is from that gentleman over there.

★カルチャー 酒をおごる＝buy someone a drink。バーで飲んでいると、離れて座って
いるまったく知らない男性に酒をおごられることがある。「お近づきのしるし
に」という意味だ。

☐ ごいっしょしませんか?

Can I sit next to you?

☐ すみません、連れがもうすぐ来ます。

Sorry, my friend is coming here soon.

ビューティー①

☐ 最近、赤い口紅がはやってるね。

It seems red lipstick is popular these days.

😊 表現　popular = はやっている

☐ ピンクのグロスが欲しいな。

I want to get pink lip gloss.

💡 プラスα　ファンデーション＝foundation、化粧下地＝primer、チーク＝blush、アイシャドー＝eye shadow、アイライナー＝eyeliner、マスカラ＝mascara、口紅＝lipstick、ネイル＝nail polish

コスメ

☐ 無香料のものはありますか?

Do you have an unscented one?

😊 表現　unscented = 無香料の

☐ オーガニックコスメを探してます。

I'm looking for organic cosmetics.

☐ いちばん売れてるのはどれですか?

Which one is the best selling?

😊 表現　best selling = いちばんよく売れている

☐ お手軽なコスメは、ドラッグストアで買えますか?

Can I buy less expensive cosmetics at a drug store?

💡 プラスα　less expensive = 手ごろな値段の。reasonableでもよい。

☐ ファンデーションに日焼け止めは入ってますか?

Does this foundation have sunscreen in it?

😊 表現　sunscreen = 日焼け止め

☐ このアイライナーはウオータープルーフですか?

Is this eyeliner water-proof?

☐ 試してみてもいいですか?

Can I try it?

😊 表現 try = 試す

☐ 試供品をください。

Do you have samples?

😊 表現 sample = 試供品

☐ 肌が荒れやすいんです。

My skin is sensitive.

😊 表現 sensitive = 敏感な

☐ 乾燥肌なんです。

I have dry skin.

💡プラスα dry skin = 乾燥肌。あぶらっぽい肌 = oily skin、混合肌 = combination
skin。My skin is a bit oily.(私の肌は少しあぶらっぽいんです)

☐ 家ではすっぴんです。

I have no make-up on when I'm at home.

😊 表現 have no make-up on = すっぴんの

☐ 乾燥してるからパックしよう。

The air is so dry. I need a face pack.

😊 表現 face pack = パック

☐ まつげエクステしてみたよ。

I tried eyelash extensions.

😊 表現 eyelash extensions = まつげのエクステ

☐ 肌の調子がよくて、化粧ののりがいい。

My skin condition is good. The foundation spreads smoothly.

😊 表現 spread smoothly = なめらかに塗れる

☐ 男性用スキンケアはありますか?

Do you sell skin care products for men?

□ ショートカットにしてください。
I'd like to have my hair cut very short.

★カルチャー 欧米には日本ほど高い技術をもつ美容院が少ない。日本人の髪質に合わないヘアスタイルにされてしまうこともある。

□ カットはそろえる程度で大丈夫です。
I'd just like a trim.

☺ 表現 trim＝（髪を）そろえる

□ おまかせします。
Please change my hair style to what you think suits me.

□ 前髪は眉毛くらいにそろえてください。
Please cut my bangs at eyebrow level.

☺ 表現 bangs＝前髪、at eyebrow level＝眉毛あたりまで

□ パーマをゆるくかけたいです。
I'd like to have a wavy perm.

💡 プラスα ストレートパーマ、縮毛矯正＝straight perm

□ 白髪を染めたいんです。
I'd like to dye my gray hair.

☺ 表現 dye＝染める、gray hair＝白髪

□ イメージチェンジしたいのですが。
I'd like a make-over.

☺ 表現 make-over＝イメージチェンジ

□ この雑誌のモデルと同じ髪形にしてください。
Could you do my hair just like hers in this magazine?

💡 プラスα do one's hair＝髪を整える。I was busy this morning, so I forgot to do my hair!（朝忙しくて、髪を整えるのを忘れちゃったわ！）

☐ 結べるくらいの長さを残してください。
Please leave it long enough so that I can still tie it up.
　😊 表現　tie up = 結ぶ

☐ もうちょっと軽くできませんか?
Could you thin out my hair?
　💡 プラスα　髪を軽くする = make one's hair thinner

☐ 思い切って坊主にします。
I think I'll just shave it all off.
　😊 表現　shave it all off = 坊主にする

☐ かゆいところはありませんか?
Is anywhere itchy?
　😊 表現　itchy = かゆい

☐ お湯が熱いです。
The water is too hot for me.

☐ 首が痛いです。
My neck hurts.

☐ この髪形、飽きちゃったよ。
I'm tired of my hairstyle.
　😊 表現　be tired of... = ...に飽きる

☐ 七三分けに挑戦しようかな。
I think I'll try a side part.
　😊 表現　a side part = 横分け。英語には「七三分け」に相当する言葉はない。

☐ ドレッドヘアに挑戦したいな。
I might try dreadlocks.
　❗ 注意　「ドレッドヘア」は和製英語。dreads、またはdreadlocksと言う。

THEME 25 ビューティー②

エステ・マッサージ

音声 2 -14

☐ フェイシャルトリートメントコースをお願いします。
I'd like to try a facial treatment course.

☐ 敏感肌なんですが、大丈夫でしょうか?
My skin is quite delicate. Do you think it'll be OK to have the treatment?

☺ 表現 delicate＝敏感な

☐ どんなコースがありますか?
What kinds of treatment courses do you have?

☐ 担当者は女性にしてください。
I'd like a female masseuse.

☺ 表現 masseuse＝(女性の)マッサージ師

☐ 好きなオイルをお選びください。
Please choose your favorite aroma oil.

☐ オイルマッサージ、気もちいい。
This oil massage feels great.

☺ 表現 feel great＝気もちよい

☐ ああ、極楽!
Ah, this is heaven!

☺ 表現 heaven＝天国

☐ つらいところはありますか?
Which part of your body do you have problems with?

$

エステ・マッサージ

171

☐ 腰痛がつらいです。

I have back pain now.

😊 表現 back pain ＝ 腰痛

☐ 脚のむくみがひどくて。

My legs are badly swollen.

😊 表現 be swollen ＝ 腫れる

☐ 肩こりに悩んでいます。

I have terribly stiff shoulders.

⭐カルチャー stiff shoulders ＝ 肩こり。欧米人は比較的、肩がこらないそうだ。とはいっても、パソコン全盛時代、肩こりに悩む人も増えるだろう。

☐ そこは何のツボですか?

What is that pressure point for?

😊 表現 pressure point ＝ ツボ

☐ 肝臓が疲れてますね。

Your liver seems to be in bad shape.

💡プラスα in bad shape ＝ 状態が悪い。状態がよい ＝ in good shape

☐ 痛かったらおっしゃってください。

If it hurts too much, just let me know.

☐ ちょっと強すぎます!

I think you are pressing too hard!

⭐カルチャー press hard ＝ 強く押す。香港や上海のマッサージ店は割安だが、日本よりも押し方が強いことがある。痛いときは「痛い!」とはっきり伝えよう。

☐ もっと強くマッサージしてください。

Can you press a little harder?

☐ そこ、めちゃくちゃ痛いです!

That spot really hurts!

😊 表現 the spot ＝ その(特定の)部分

☐ くすぐったいです。

That part tickles.

😊 **表現** tickle＝くすぐったく感じる

☐ ちょうどいいですね。

That's just right.

😊 **表現** just right＝ちょうどよい

☐ 古い角質が取れた！

I got rid of the dead skin!

😊 **表現** dead skin＝角質

☐ 肌がなめらかになった。

My skin is so smooth now.

😊 **表現** smooth＝なめらか

☐ 小顔になったみたい。

My face got slimmer after the facial treatment.

⭐**カルチャー** 欧米人は顔の大きさについてほとんど興味がないため、いわゆる「顔が小さくなりたい」の意味でsmall faceという言葉を使っても理解されないだろう。ただし、顔のぜい肉を減らしてスリムな顔になりたい女性が多いのは万国共通だ。

☐ 顔のたるみをマッサージで引き締めたい。

I want to lift up my sagging face through massage.

💡**プラスα** I want to get rid of my double chin.（二重あごをなんとかしたいな）

☐ 気もちよくて寝ちゃいました。

It felt so good that I fell asleep.

💡**プラスα** fall asleep＝寝込む。I was drowsy during the treatment.（エステコースの間、あまりに気もちよくて、眠たくなってしまった）

☐ 部屋が寒いです。

This room is too cold.

☐ コンタクトレンズをしています。

I'm wearing contact lenses.

💬 **文法** contact lenses＝コンタクトレンズ。lensesは複数。

☐ 背中に傷があるので気をつけてください。

I have a cut on my back. Please be careful.

　😊 表現 cut＝きり傷

☐ ちょっと目にしみます。

My eye is a bit irritated.

　😊 表現 be irritated＝しみる

☐ このフェイスクリームは聞いていた話と違います。

This face cream is not as good as I heard.

ネイルサロン

音声
2 -15

☐ ジェルネイルをやってみたいのですが。

Could I try gel nails?

☐ サンプルを見せてください。

Please show me a sample.

　★カルチャー 外国人と日本人では、肌色や質感に違いがある。ファンデーションなどは、色味も異なる（欧米のものは白人の肌に合わせて、やや白っぽい）ので、よく吟味することが大切。ネイルも同様だ。

☐ 何色にしようかな。

What color should I choose?

☐ ペディキュアもお願いします。

I'd like a pedicure, too.

　😊 表現 pedicure＝足用ネイル

☐ シンプルなデザインにしてください。

I'd like a simple design.

　💡 プラスα I'd like something flashy.（ちょっと派手なネイルにお願いします）

☐ フレンチでお願いします。

Could I get a French manicure please?

174

CHAPTER 5

遊び・エンタメ

習いごと

音声 2 -16

☐ 陶芸、習いたいな。
I'm interested in joining a pottery class.
😊 表現 be interested in... ＝ ...に興味がある

☐ 先生は選べますか?
Can I choose the instructor?
😊 表現 instructor ＝ (カルチャースクールなどの) 講師

☐ できればジョーンズ先生のレッスンを受けてみたいのですが。
If it's possible, I'd like to take Mr. Jones' class.
⭐カルチャー If it's possible ＝ 可能であれば。アメリカでは体を動かすスポーツ、ヨガやダンスなどが、とくに人気。ほかにも、料理教室、フラワーアレンジメントのクラスなど、老若男女が年齢を問わずいっしょに楽しむのが特徴だ。

☐ 体験レッスンに参加したいんです。
I'd like to take part in a free trial lesson.
😊 表現 free trial lesson ＝ 無料体験レッスン

☐ 週2日のコースでお願いします。
I'd like to sign up for this two-day a week course.
💡プラスα sign up for... ＝ ...に申し込む。I'd like to sign up for the dance class. (ダンスクラスに申し込みをしたいのですが)

☐ 材料費は含まれますか?
Does the fee include class materials?

☐ レッスン料は1か月いくらですか?
How much do I pay for one month of lessons?

☐ ウエアを買わなきゃ。
I need to buy gear.
😊 表現 gear ＝ (特定の目的のための) 服

◯ 10回チケットがお得ですよ。
Buying 10 tickets at once is a good deal.

💡 プラスα good deal＝お得である。You get a good deal if you take two classes a week. It's 20% off.（週2回レッスンを受けると、20%オフになります）

◯ ほかの日に振り替えられますか?
Can I change it to another day?

😊 表現 change to...＝...に変更する、振り替える

◯ レッスンに10分遅れます。
I'll be late for class by 10 minutes.

😊 表現 late for class＝クラスに遅れる

◯ 試合で練習の成果を試そう。
Let's show them what we've learned at the match.

😊 表現 what we've learned＝練習の成果

◯ もっと上手になりたいな。
I hope I'll become a better player.

◯ レッスン後にお茶しに行かない?
Let's go have coffee after the lesson.

🔵 文法 go have coffee＝お茶を飲みに行く。goのあとはtoの不定詞を入れず、動詞を続けるのが一般的。Let's go see a movie after the lesson.（レッスンのあと、映画を見に行きましょう）

スポーツクラブ

音声 2 -17

◯ このジムに入会したいのですが。
I'd like to become a member of this gym.

◯ 見学はできますか?
Can I observe one of your lessons?

😊 表現 observe＝見学する

☐ 月会費はいくらですか?
How much is the monthly fee?
💡 プラスα monthly fee＝月会費。入会金＝registration fee

☐ どんな設備があるんですか?
What kinds of facilities do you have?
💡 プラスα サウナ＝sauna room、マシン＝training machines、ジェットバス＝Jacuzzi、テニスコート＝tennis court、ナイター用グラウンド＝ground for night games。「ナイター」は和製英語。

☐ プールはありますか?
Do you have a swimming pool?

☐ トレーニングマシンでシェイプアップしたい。
I want to get into shape by using a training machine.
😊 表現 get into shape＝シェイプアップする。「シェイプアップ」は和製英語。

☐ 今日はヨガのレッスンがありますよ。
We have a yoga lesson today.
💡 プラスα ピラティス＝Pilates、エアロビクス＝aerobics、アクアビクス＝aquarobics、ジャズダンス＝jazz dance

☐ エアロビクスをしたいです。
I'm interested in doing aerobics.
😊 表現 do aerobics＝エアロビクスをする

☐ 定員がいっぱいになったみたいです。
I think this class is already full.

☐ そのウエアかわいいですね。
Your outfit is so cute.
😊 表現 outfit＝ウエア

☐ 仕事帰りに毎日かよってます。
I come to this gym everyday after work.
😊 表現 after work＝仕事帰りに

☐ ウエストをしぼりたいのですが。
I'd like to slim down my waist.

☐ 25メートル泳げるようになりたいんです。
I'd like to be able to swim for at least 25 meters.
> 💡 **プラスα** I can't swim an inch.(私はかなづちなんです) これを直訳すると「1インチも泳げません」。

☐ 筋肉をつけたくて。
I'd like to strengthen my muscles.

☐ 体脂肪率10%台が目標です。
I hope my body fat percentage will be less than 10%.
> 🙂 **表現** body fat percentage = 体脂肪率

☐ かよい始めて3キロ痩せました。
I've lost three kilograms since I started coming here.
> 💡 **プラスα** Going to the gym regularly keeps me fit.(定期的にジムに行き、体を鍛えています)

☐ マラソン大会出場をめざしています!
I'm aiming to run in a marathon someday!
> 🙂 **表現** aim to... = ...することを目標にする

☐ 退会します。
I'd like to withdraw my membership from today.
> 🙂 **表現** withdraw one's membership from... = ...から退会する

スポーツ観戦

☐ 試合がよく見える席でよかった。
I'm glad I got a good seat so that I can see the game well.

☐ 観戦チケット持って来た?
Did you bring our tickets?

☐ 山田選手、がんばれ!
Go, Yamada!

> 😊 表現 Go!=がんばれ!

☐ 彼女を見ていて緊張してきちゃった。
I'm so worried about how she'll do.

☐ はらはら、どきどきする。
I'm getting so nervous.

> 💡 プラスα be nervous=緊張する。舞台などでの緊張は、stage frightと言う。I got stage fright during my first stage performance.(はじめての舞台であがってしまった)

☐ ああ、失点しちゃった。
Ah, they lost a point.

> 😊 表現 lose a point=1点失う

☐ いけー!!
Go! Go! Go!

> ⭐ カルチャー アメリカでは野球やアメリカンフットボールが、ヨーロッパではサッカーが人気の観戦スポーツ。とくにサッカーでは応援が白熱し、退場者が出ることもめずらしくない。

☐ 乱闘だ!
Fight!

☐ 今のは相手の選手が悪いと思う。
That was the other player's fault I think.

> 😊 表現 the other player's fault=相手の選手の過失

☐ 勝った! ばんざい!
They've won! Congratulations!

○ 金メダルだね。
He got gold.

○ 田中選手、おめでとう!
Congratulations, Mr. Tanaka!

○ 世界新記録だ!
This is a new world record!
　　😊 表現　world record＝世界記録

○ 引き分けだったね。
It was a tie.
　　😊 表現　tie＝引き分け

○ 接戦だったね。
It was pretty close.
　　😊 表現　close＝勝負が接近している

○ 負けたけど、いい試合だった。
They lost but it was a good game.

○ 勝てる試合だったのに……。
I thought they would win...

○ あれは絶対に誤審だよ!
That was a totally bad call!
　　😊 表現　bad call＝誤審

○ 次があるさ。
There'll be another chance.
　　😊 表現　another chance＝次の機会

○ 飲みもの買って来ようか?
Shall I go get something to drink?
　　😊 表現　go get...＝...を取って来る

♪
スポーツ観戦

☐ トイレ、混んでたよ。
The restroom was crowded.

☐ パンフレット買って来るね。
Let me go get a pamphlet.

☐ チームのグッズがいっぱい売ってる！
They are selling a lot of team merchandise !

😊 表現 team merchandise ＝チームグッズ

☐ 当日券あるかな?
I wonder if they have today's tickets.

😊 表現 today's ticket ＝当日券

☐ ダフ屋がいたね。
I think he's a scalper.

😊 表現 scalper ＝ダフ屋

☐ 応援グッズ持って来た?
Did you bring something to cheer for the team?

😊 表現 cheer for ＝応援する

☐ タイガー・ウッズ選手が目の前を通ったよ！
Tiger Woods just passed by !

😊 表現 pass by ＝目の前を通り過ぎる

☐ サインもらえるかな?
Do you think I can get his autograph?

☐ 生で見るとかっこいい！
He's so cool to watch live !

😊 表現 watch live ＝生で見る

☐ 次の試合もまた観に来たい。
I'll certainly come back to the next game he is in.

THEME 27 遊び

音声 2 -19

○ 何、歌う?
What song do you want to sing?

★カルチャー 海外でのカラオケ人気は一部の大都市に限られるが、ファンは少しずつ増えている。英語では「カリオーキ」のような発音をするので、最初は何のことかと驚く日本人が多い。

○ 小泉今日子の歌、入れて!
Enter one of Kyoko Koizumi's songs!

😊 表現 enter = 曲を入れる

○ だれかビートルズ歌ってよ!
Can anyone sing the Beatles?

○ 最近の歌って、よくわからないんだよね。
I don't know much about recent songs.

😊 表現 don't know much about... = ...についてよくわからない

○ この歌なつかしいね。
I used to hear this song a lot.

😊 表現 used to... = ...をよくやった

○ マイク取って。
Hand me a microphone.

😊 表現 hand = 渡す

○ 機械の調子が悪いみたいだ。
Looks like this karaoke machine is broken.

○ 2曲連続で入れないでよ!
Don't enter two songs in a row!

😊 表現 in a row = 続けて

カラオケ

の歌を歌ってください。

Can you sing a(an) [   ] song?

マドンナ
Madonna

レディー・ガガ
Lady Gaga

マライア・キャリー
Mariah Carey

ザ・ビートルズ
The Beatles

マイケル・ジャクソン
Michael Jackson

テレサ・テン
Teresa Teng

ブリトニー・スピアーズ
Britney Spears

エアロスミス
Aerosmith

カラオケ

ボン・ジョヴィ
BON JOVI

アバ
ABBA

ザ・ローリング・ストーンズ
The Rolling Stones

185

☐ タンバリンって、あるのかな?
Is there a tambourine?

☐ 音程を下げてみよう。
I'll lower the pitch.
> 😊 表現 lower the pitch = 音程を下げる

☐ 音痴なんです。
I have no ear for music.
> 😊 表現 have no ear for music = 音痴である。「音楽に対して耳がない」という言い方がおもしろい。

☐ 歌、うまいですね!
You're such a good singer!

☐ ものまねして歌える?
Can you imitate his singing?
> 😊 表現 imitate = ものまねする

☐ この歌、ハモれる?
Can you hum this song?
> 😊 表現 hum = ハモる

☐ あと10分で退出時間だよ。
We have only 10 minutes left.

☐ 時間の延長する?
Shall we ask for a time extension?
> 😊 表現 time extension = 時間延長

クラブ
音声 2 -20

☐ 超人気のクラブに連れて行ってください。
Take me to the hottest club in town.

◯ 今日はどんなイベントなんだい?
What's today's event?

◯ 踊ろうよ!
Let's dance!

◯ 飲みもの取って来るね。
Let me go get some drinks.

◯ あ、この音楽好き。
Ah, this music is my favorite.
☺ 表現 one's favorite = 大好きなもの

◯ このセレクト、超好み。
I like his choice of music.

♪
クラブ

◯ 最高!
Bravo!

◯ 今日はオールだね。
I'm going to pull an all-nighter.
☺ 表現 pull an all-nighter = 徹夜をする

◯ あの女の子、かわいいね!
She's cute!

◯ ナンパされちゃった!
He was hitting on me!
☺ 表現 hit on... = ...にしつこく言い寄る

◯ 一晩中踊って疲れちゃった。
I'm so tired from dancing all night.

◯ 私は見てるだけでいいよ。
I just want to see other people dancing.

◯ 今日は全体的にいまいちだったね。
Overall, it's not very good today.

☺ 表現 overall ＝ 全体的に

ギャンブル

音声 2 -21

◯ カジノの中は撮影禁止だって。
You're not allowed to take photos in the casino.

☺ 表現 not allowed to... ＝ ...することを禁じられている

◯ ドレスコードはあるの?
Do they have a dress code?

★ カルチャー ラスベガスのカジノではとくにドレスコードはなく、みなリラックスした普段着で賭けに興じている。映画に出てくるような、男性はタキシード、女性はロングドレスといういでたちは今はもう見かけない。

◯ ディーラーへのチップを忘れずに。
Don't forget to tip the dealers.

☺ 表現 tip ＝ チップをやる

◯ いかさまに引っかからないようにしてください。
Don't allow yourself to get cheated.

☺ 表現 get cheated ＝ いかさまに引っかかる

◯ 1回の賭け金はいくらくらい?
How much do you bet each time?

☺ 表現 bet ＝ お金を賭ける

◯ ブラックジャックをやってみましょうよ。
Let's play blackjack.

💡 プラスα ポーカーをする ＝ play poker

◯ ルーレットで遊ぼう。
Let's play roulette.

💡 プラスα スロットマシン ＝ slot machine

WORLD REPORT⑥

恥をかかない ドレスコード

欧米人はオンとオフを切り替えるのが上手。普段はTシャツ・ジーンズでも、パーティーではバッチリきめてくる。パーティーによってはドレスコードが決まっているので、あらかじめチェックしておくと間違いない。

フォーマル

招待状に「formal」「black tie」と記載されていたら、男性はタキシードにブラックタイ、女性はイブニングドレスやカクテルドレスで。靴やバッグも豪華に！

セミフォーマル

男性は黒、紺、グレーなど地味な色のダークスーツにネクタイ。女性はひざ丈のワンピースやスーツに、派手めなアクセサリー、スカーフなどを身につけて

スマート・カジュアル

男性はジャケットさえ着ていれば、ノーネクタイでも可。女性はワンピースやパンツスタイルでもOK。パーティーの顔ぶれを考えてチョイスしよう

カジュアル

男性はジャケットなしでもOKで、女性は自由。ジーンズやTシャツで問題ない集まりもあるが、襟なしシャツ、短パンなどはNGの場合もあるので注意！

☐ 運がまわってきたみたいだ！
My luck has turned!

😊 **表現** one's luck has turned ＝ 運がまわってきた

☐ 今日はここまでにしておこう。
Let's call it a day.

😊 **表現** call it a day ＝ 終わりにする

☐ この賭けはいかさまだよ！
This game is fixed.

😊 **表現** fixed ＝ いかさま（裏で仕組まれた）

☐ カジノといえばラスベガスだね。
If you hear the word "casino," you think of Las Vegas.

⭐**カルチャー** ラスベガス以外にもモナコ、中国のマカオが有名。カジノはたいていホテル内にあり、宿泊客は一日中楽しめる。スロットマシンで簡単に賭けられるゲームもあれば、ディーラーがいて、プロどうしが相当額を賭けて勝負するゲームもある。韓国のカジノは外国人専用で、韓国人は立ち入り禁止となっている。

☐ ちょっとだけ勝ちました。
I won a little.

😊 **表現** win a little ＝ 少しだけ勝つ

☐ 大もうけしました！
I won big!

😊 **表現** win big ＝ 大もうけする

☐ 完敗だ。
It was a big loss for me.

😊 **表現** a big loss ＝ 大負け

ゲーム

音声 2 -22

☐ どんなビデオゲームが好き？
What kinds of video games do you like?

成功する パーティー・トーク

顔ぶれによって「ちょっとしたネタ」を準備

海外の社交にパーティーはつきもの。それらのパーティーに共通するのは、外国人は他人との会話に時間をかけることだ。仕事の発展につながるネットワークづくりを目的に参加する人も多い。一方、どちらかというとシャイな日本人は、ワインやカクテルを片手に相手と会話を盛り上げたり、次々と話し相手を変えたりして、スマートに場を乗り切るのは得意ではない。言葉の通じる日本人どうしで会場の隅にかたまりやすく、ひとりの外国人のおしゃべりに延々とつき合わされるかわいそうな人もいる。

相手との会話をしぜんに終わらせるタイミングは難しいが、アメリカ人だったら、"Excuse me, but I'd like to get another drink!（もう少し飲み物が欲しいので、失礼！）"などと言いながらその場を去り、いつの間にか話し相手を変えていることもめずらしくない。理由は何でもよい。相手を不愉快にさせない、スマートなふるまいを心がけることが大切だ。

さらに重要なのは、仕事以外のネタも用意しておくこと。これは「スモールトーク」と呼ばれるが、テーマは何でもよい。浅草を訪れたことのある外国人には雷門や浅草寺についてトリビアな話を。花好きな外国人には、隅田川沿いの桜の話をすると喜ばれる。さらに、「スカイツリーの内部の装飾には下町の職人技が生きていて、……」などと説明できたら、アピールはばっちりだ。

ヨーロッパ人は歴史や文化に興味のある人が多い。日光や鎌倉などの歴史ネタ、和食や相撲の文化ネタも用意しておこう。アメリカ人ならメジャーリーグで活躍する日本人選手の話をしてもよい。経済成長著しい国のアジア人なら、お国の発展ぶりに触れると喜ぶだろう。アニメやまんがの話でもいい。自分の得意分野でいくつかスモールトークを用意しておくと、パーティーで困らない。

☐ RPGが好きです。
I like RPG's.

★カルチャー 日本のゲームはフランスでも人気。メッセージ量が多いRPGでは、日本語の音声はそのまま、フランス語の字幕付きでファンは充分楽しむらしい。

☐ オンラインゲームが楽しいよ。
Online games are fun.

★カルチャー 日本のゲームはハードも含めて、海外でももちろん人気。アメリカでは80〜90年代、ゲームといえば"Nintendo"が代名詞になっていたこともあるほど。

☐ 新シリーズが発売されるね。
A new series will come out soon.

📖 文法 seriesは常に単数扱い。

☐ 新しい機種が欲しいなあ。
I want a new game model.

😊 表現 new game model＝新しい機種

☐ やっぱりゲームの名作といったらこれだよ。
I think this is the best game ever.

😊 表現 the best game ever＝かつてない名作ゲーム

☐ 寝ずにゲームしちゃったよ。
I stayed up all night playing games.

😊 表現 stay up all night＝一晩寝ないで

☐ その場面がどうしてもクリアできないんだ。
I can't clear that level.

😊 表現 clear the level＝場面をクリアする

☐ 攻略の仕方知ってる?
Do you know the strategy of the game?

😊 表現 strategy＝攻略の仕方

☐ ついにクリアした!
I've just cleared it !

THEME 28 エンターテインメント

| 芸 能 | |

芸能

□ きゃあ、かっこいい!
Wow, he's so cool.

□ 実物のほうがずっといいね。
He's much better in person.

> 表現 　in person ＝ 実物のほうが

□ ジョニデの大ファンです。
I'm a huge fan of Johnny Depp.

> プラスα 　a huge fan of... ＝ ...の大ファン。a great fan of ／ a big fan of などとも言う。仲良し夫婦のブラッド・ピットとアンジェリーナ・ジョリーをひとつにして Brangelina(ブランジェリーナ)という呼び名もあるが、英語では「ジョニデ」のように、姓と名を合わせて短く呼ぶ習慣はない。

□ 今度、コンサートを観に行かない?
Let's go to his concert together.

□ 今度の新作が楽しみです。
I can't wait for his new movie.

> 表現 　can't wait for... ＝ ...が待てないほど楽しみにしている

□ サイン会へ行きました。
I went to his autograph signing.

> 表現 　autograph signing ＝ サイン会

□ 本物のレオ様を見たよ!
I saw the real Leonardo DiCaprio!

> 表現 　real ＝ 本物の

□ ブラッド・ピットが来店して、あの椅子に座ったことがあります。
Brad Pitt came to our restaurant and sat in that seat.

☐ 演技、下手だよね。
He's a poor actor.
💡プラスα poor actor＝下手な役者。ham actor(大根役者)とも言う。hamの語源にはさまざまな説があるが、要するに演技が過剰で下手な役者という意味。

☐ あの演技力には引き込まれる。
I'm won over by his acting ability.
😊表現 be won over by...＝...に圧倒される

☐ アル・パチーノよりロバート・デ・ニーロのほうが好きです。
I like Robert De Niro more than Al Pacino.
⭐カルチャー ハリウッドのチャイニーズ・シアターの前にはさまざまなスターの手形がある。お気に入りのスターの手形の前で写真を撮るのが観光客の楽しみのひとつ。ビバリー・ヒルズの有名人邸宅を見てまわるツアーも人気。

☐ 今度のドラマ、おもしろそう！
The new drama sounds exciting！
😊表現 sound exciting＝おもしろそう

☐ 降板なんてもったいない。
She's too good to step down from the role.
😊表現 step down＝降板する

☐ だれが出てるの？
Who's in it?
😊表現 in it＝そこに出演している

☐ 大型新人だって！
They say he's the next big star！
💡プラスα They say...＝...とうわさされている。一躍有名になった若手の女優やモデルをIt Girl(イットガール)と言う。

☐ 主題歌はだれが歌ってるの？
Who sings the theme song?
😊表現 theme song＝テーマソング

☐ いっしょに写真撮らせてもらっていいですか？
Can I take a photo with you?

☐ 写真集が出たら、絶対買います。
If he releases a photo collection, I would definitely buy it.
😊 **表現** photo collection ＝ 写真集、definitely ＝ 絶対に

ゴシップ

☐ 結婚しちゃってショック。
I'm shocked to hear that he got married.
💡 **プラスα** be shocked to hear that... ＝ ...と聞いてショック。I was shocked to hear that he got divorced.（彼が離婚したことを知ってショック）

☐ デキ婚だって！
I heard it was a shotgun marriage！
💡 **プラスα** shotgun marriage（wedding）＝ できちゃった婚。昔、娘の妊娠を知った父親が、相手の男にショットガンを突きつけて「娘と結婚しろ！」と迫ったとか……。

☐ ありゃあ、金目当てでしょ。
Well, she married him for his money.
😊 **表現** marry someone for money ＝ 金のために結婚する

☐ また別れちゃったの?
Did they break up again?
💡 **プラスα** break up ＝ 別れる。Did you know that Annie and Tom broke up?（アニーとトムが別れたの知ってた?）

☐ また麻薬で逮捕されたらしいよ。
I just heard he got arrested for drugs again.
💡 **プラスα** get arrested for... ＝ ...が理由で逮捕される。He was arrested for domestic violence.（彼は家庭内暴力で逮捕された）

☐ いつか捕まると思ってた。
I knew he'd get busted someday.
😊 **表現** get busted ＝「捕まる」の口語

ゴシップ

195

☐ 収監中に自殺なんて悲しい。
It's so painful to think he killed himself in prison.

☐ 死因はヘロインの過剰摂取です。
He overdosed on heroin.

😊 表現 overdose on... ＝...を過剰摂取する

☐ アル中で施設に入所したんだって。
He was admitted to a rehabilitation center for alcohol addiction.

😊 表現 admitted to... ＝...に収容される、alcohol addiction ＝アルコール依存症

☐ 彼女の離婚、写真週刊誌にスクープされたよ。
The tabloid got the scoop on her divorce.

😊 表現 get the scoop ＝スクープする

☐ 彼の鼻は整形に違いない。
He must have had a nose job.

😊 表現 nose job ＝鼻の整形

☐ 芸能界を引退なんて信じられない。
Why has she retired from the entertainment industry so soon?

😊 表現 retire ＝引退する

☐ 未成年なのにお酒を飲んでたみたいだ。
It seems he was under 20 and drinking.

⭐カルチャー under 20 ＝未成年。アメリカでは州によって成人年齢は18～21歳と異なる。ヨーロッパの国では、フランスやドイツなど18歳のところが多い。

☐ ドラマの視聴率が悪くて打ち切りだって。
They stopped airing the drama because the audience rating was so low.

💡プラスα air ＝放映する、audience rating ＝視聴率。"ER" has the highest rating among overseas TV dramas aired in Japan.(『ER』は日本で放映された海外ドラマの中で、いちばん視聴率がいい)

◯ 新しいアルバムが秋に出るんだって。
She will release her new album this fall.

> ★カルチャー release＝リリースする。欧米には日本のジャニーズのようないわゆるアイドルグループは少ないが、近年はスカウト番組から発掘されるアイドルやグループもいる。

◯ この曲、大好き。
I just adore this song.

> ☺ 表現 adore＝すごく好き

◯ 歌詞がいいよね。
I especially love the lyrics.

> 💡 プラスα lyrics＝歌詞。曲＝melody

◯ 彼女のラップは最高だよ！
The rap songs she writes are fabulous！

> ☺ 表現 fabulous＝すばらしい

◯ 新しいアルバムは2枚組みです。
The new album is a double CD set.

> ☺ 表現 double CD set＝2枚組みになっているCD

◯ どんな音楽が好き?
What kind of music do you like?

◯ パンク系でいい曲ある?
Do you know any good punk rock music?

> ☺ 表現 punk rock＝パンクロック

◯ 彼、歌も踊りも最高！
He's great at both dancing and singing！

> ☺ 表現 great at...＝...に優れている

◯ ヘビーメタルが好きです。
I like heavy metal.

ミュージック

□ 今年のグラミー賞は?

Who won in this year's Grammy Awards?

💡 プラスα Grammy Awards＝グラミー賞。優れた映画作品に贈られるのがアカデミー賞＝Academy Awards。どちらも受賞部門がたくさんあるので、賞全体を指すときはAwardsと複数形になる。

ブロードウエイ

音声 2 -26

□ トニー賞受賞のミュージカルを観たいな。

I want to see some of those Tony Award-winning musicals.

⭐ カルチャー Tony Awards＝トニー賞。優れた演劇やミュージカルに贈られる。This year's Tony Awards were aired live a few days ago.(今年のトニー賞の様子が2、3日前に生で中継された)

□ オフ・ブロードウエイもなかなかだよ。

I think Off-Broadway shows are pretty good, too.

⭐ カルチャー Off-Broadway＝オフ・ブロードウエイ。小さな劇場で行われるブロードウエイミュージカル。さらに小さいブロードウエイはOff-Off-Broadwayと呼ばれる。

□ 本場ニューヨークのブロードウエイは絶対に押さえたい。

Broadway shows are definitely a must-see in New York.

💡 プラスα must-see＝絶対に見逃せないもの。ブロードウエイの本場といったらニューヨーク。チケット売り場に朝早くから並んでRush Ticket(ラッシュ・チケット)を入手すれば、格安で舞台にいちばん近い席からショーを観られる。rushは急ぐという意味。

□ 英語がわからなくても楽しめるミュージカルはありますか?

Are there any musicals which we can enjoy even if we don't understand English?

⭐ カルチャー ミュージカルは音楽が主体なので、せりふがわからなくても楽しめる。あらすじを知っていれば、英語でも雰囲気を味わえるのがだいご味だ。

□ あらすじを教えて。

Tell me the story line.

☺ 表現 story line＝あらすじ

◯ 彼が演出した舞台を観てみたい。
I want to see the plays directed by him.

😊 表現 directed by... = ...による演出の

◯ この舞台は見逃せないよ。
How could I miss this show?

◯ ロミオ役の彼はだれ?
Who's playing Romeo?

◯ チケットはどうやって入手すればいいの?
Tell me how to buy tickets.

⭐カルチャー ニューヨークには「tkts」と呼ばれるミュージカルチケット専門の販売所がある。ミッドタウンの中央にあり、毎日観光客が長い列をつくっている。

◯ 人気のチケットだから売り切れてたよ。
The tickets are all sold out because it's such a popular show.

💡プラスα sold out = 売り切れ。ニューヨークの人気ブロードウエイ劇場の前には時間の余裕がなくなった観光客が"Do you need a ticket?"（チケットいりませんか?）と聞いてまわっていることも。

◯ 立ち見席なら買えるよ。
You can still buy standing room tickets.

😊 表現 standing room tickets = 立ち見席

◯ 観客も総立ちだったよ。
They received a standing ovation.

😊 表現 standing ovation = 総立ちの喝采

◯ オペラグラスはありますか?
Could I rent a pair of opera glasses?

😊 表現 opera glasses = オペラグラス

◯ アンコール! アンコール!
Encore ! Encore !

❗注意 Encore = アンコール。日本語と英語では発音が異なるので注意。

♪ ブロードウエイ

THEME 29 アート・文化

美術館・博物館

 音声 2 -27

☐ 大人2枚、子ども1枚ください。
Two adult tickets and one child ticket, please.

☐ 日本語のパンフレットはありますか?
Do you have a pamphlet in Japanese?

☐ 館内ツアーに申し込みたいのですが。
We'd like to sign up for the museum tour.

☐ 日本語の音声ガイドはありますか?
Is there an audio guide in Japanese?

> ★カルチャー audio guide = 音声ガイド。海外の美術館、教会ではパスポートと引き換えに音声ガイドを貸してくれるところもある。

☐ 出口はどこですか?
Where's the exit?

> 💡プラスα exit = 出口。入口 = entrance

☐ この彫刻にさわってもいいですか?
Can I touch this statue?

> 💡プラスα 美術館で勝手に展示物にさわると警報ベルが鳴ることも。警備員が飛んで来るのでさわらないほうが賢明だ。

☐ 写真を撮ってもいいですか?
Can we take photos in the museum?

> ★カルチャー take photos = 写真を撮る。日本ではほとんどが撮影禁止だが、海外では可能な美術館もある。名画とツーショットを撮れるチャンスかも。

☐ ゴッホの絵は格別でした。
I thought Van Gogh's paintings are one of a kind.

> 😊表現 one of a kind = 格別なもの

☐ やっぱり、ピカソは天才です。
I must admit Picasso was a genius.

☐ あの絵が見られなかったのは残念です。
I totally regret that I missed seeing his famous painting.

😊 表現 totally regret ＝まことに残念に思う

☐ モネの絵がすばらしくて、その前から動けなかった。
I was so impressed with Monnet's paintings, I just couldn't move.

💡 プラスα Da Vinci's Mona Lisa was so impressive. I was nailed to the spot.
（ダ・ヴィンチのモナリザがすばらしくて、その場にくぎづけになった）

☐ 今にも動き出しそうな躍動感だったよ。
It has such a sense of motion that it seemed as if it would come alive at any moment.

😊 表現 sense of motion ＝躍動感、come alive ＝動き出しそうな

☐ この作家の展覧会はぜひ行きたい。
I can't miss his exhibition.

☐ 混んでてじっくり観られなかった。
The museum was so crowded that I didn't have enough time to see each work.

⭐ カルチャー 有名な絵画にはいつも行列ができている。ダ・ヴィンチのモナリザは絵のサイズが小さいのにもかかわらず、たくさんの人に囲まれていて、じっくり鑑賞するのは難しい。

☐ 恐竜展はいつも混んでるね。
The dinosaur show always attracts attention.

😊 表現 attract attention ＝人気を集める

☐ 30分待ちだったからあきらめたよ。
It's a 30-minute wait. I give up.

😊 表現 wait ＝待ち、give up ＝あきらめる

☐ 現代アートっておもしろいよね。
Modern Art intrigues me.
😊 表現 intrigue ＝ 魅了する

☐ 抽象画ってよくわからないな。
I don't quite understand abstract paintings.
😊 表現 abstract painting ＝ 抽象画

☐ 展覧会のポスターがかっこいい！
I think the exhibition poster is so cool!

☐ 学芸員の人に聞いてみよう。
Let's ask the museum curator over there.
😊 表現 museum curator ＝ 学芸員

☐ 絵画について質問してもいいですか？
May I ask you about these paintings?

☐ いつごろの作品ですか？
When was this painting done?
💡 プラスα 絵を描く ＝ do a painting（油絵や水彩画）、draw a picture（鉛筆やクレヨンで描く）

☐ ポストカードを買って帰ろう。
I'm going to buy postcards.

☐ ここの美術館のレストランはおしゃれだよ。
This museum has a stylish restaurant.
😊 表現 stylish ＝ モダンでおしゃれな

☐ シニア割引はありますか？
Do you have a discount for seniors?

☐ 65歳以上はシニア割引があります。
We have a discount for people aged 65 years and over.

THEME 30 日本の文化

まんが

音声 2 -28

☐ 日本のまんがは海外でも人気ですか?

Is Japanese manga popular overseas as well?

★ カルチャー mangaは日本製コミックスとして、その呼び名は海外でも定着している。各国語に訳された日本のまんがは一部の人には熱狂的に受け入れられている。とくにバトルアクションを扱った『ドラゴンボール』『NARUTO -ナルト-』などは、アメリカやフランスでもよく知られている。

☐ ヒーローものが好きです。

I like comics with superheroes.

☐ 『NARUTO』を知っていますか?

Do you happen to know "NARUTO"?

☺ 表現 Do you happen to know...? = もしや...を知っている?

☐ どんなまんがが好きですか?

What kind of Japanese manga do you like?

☐ ギャグまんが最高ですね。

I like manga full of gag jokes.

☺ 表現 gag jokes = ギャグ

☐ シュールな笑いがツボです。

What makes this manga great is the number of surreal jokes in it.

☺ 表現 surreal = シュールな

☐ まんが喫茶で全巻読んじゃった。

I read this whole series at a manga cafe.

☺ 表現 whole series = 全巻

☐ そのまんが、全巻買いそろえちゃった。

I bought the complete set of that manga.

まんが

☐ この主人公に毎回イライラさせられる。
This hero irritates me every time.

☐ どのキャラクターが好きですか?
Which character do you like most?

☐ 宮崎アニメで何が好きですか?
Which Miyazaki anime is your favorite?

> ★カルチャー 宮崎駿氏のアニメは海外でも有名で、ファンも多い。"My Neighbor Totoro
> (『となりのトトロ』)"、"Kiki's Delivery Service(『魔女の宅急便』)"、"Spirited
> Away(『千と千尋の神隠し』)"などは海外でも評判が高い。

☐ 続編が待ち遠しい。
I can't wait for the new series.

> ★カルチャー アメリカにも大人向けのアニメはある。"The Simpsons(ザ・シンプソンズ)"、
> "Family Guy(ファミリー・ガイ)"などは人気が高い。

おたく

音声
2 -29

☐ あのアニメのキャラクターに萌えた。
I was infatuated with that anime character.

> ☺表現 be infatuated with... = ...に萌える

☐ 海外でもコスプレって人気なの?
Is cosplay popular outside of Japan?

> ★カルチャー cosplay = コスプレ。コスプレは海外でも一部の人にたいへん人気。ロサンゼル
> スのAnime Expo(アニメ・エキスポ)、パリのJapan Expo(ジャパン・エキスポ)など
> は世界中からアニメキャラクターにふんしたコスプレイヤーが集う。

☐ コスプレが趣味です。
I like to do cosplay.

☐ 彼は筋金入りのコスプレおたくですね。
He's a hardcore cosplay geek.

> ☺表現 hardcore geek = 筋金入りのおたく

◯ アキバ系アイドルが好き。

I like Akiba idols.

> 💡 プラスα Akiba, a shortened name for Akihabara, is famous for Maid Cafes.
> (秋葉原の略称であるアキバは、メイドカフェで有名です)

◯ 自作のイラストをサイトに投稿している。

I'm posting my own illustrations on the website.

> 😊 表現 post ＝ 投稿する

◯ 夏のコミケには参加する?

Are you going to the Comiket this summer?

> 😊 表現 Comiket ＝ コミケ(コミック・マーケットの略)

◯ アニメの同人サークルに参加しています。

I'm a member of the inner circle for anime fans.

> 😊 表現 inner circle ＝ 同人サークル

◯ 仏像を見てると癒やされますね。

Buddhist statues have healing powers.

> 😊 表現 healing powers ＝ 癒やす力

◯ 私は「歴女」です。

I'm a female history buff.

> 😊 表現 history buff ＝ 歴史好き。ただし、「歴女」という言葉は英語にはない。

◯ 僕は鉄道マニアなんです。

I'm crazy about trains.

> 💡 プラスα crazy about... ＝ ...に夢中な。鉄道おたくはtrain fanaticとも言う。

日本の紹介

音声 2 -30

◯ 日本には昔からの寺や神社が多く残っています。

In Japan, there are many temples and shrines remaining from old times.

☐ 日本の夏にはさまざまな祭りや花火大会が催されます。
In Japan, you can enjoy a lot of festivals and fireworks during the summer.

😊 表現 fireworks ＝ 花火

☐ 一度、銭湯へ行ってみてください。
You should go to a Japanese "sento," a public bath, while you are in Japan.

⭐カルチャー 海外にも温泉つきの風呂はあるが、全裸で入浴する習慣はない。しかし、ヨーロッパの一部の国では、海で全裸になって泳ぐ人がいる。

☐ 日本の温泉は気もちいいですよ。
I'm sure you'll enjoy Japanese hot springs.

😊 表現 hot spring ＝ 温泉

☐ 日本人はよくおじぎをします。
Japanese people bow a lot out of courtesy.

⭐カルチャー bow ＝ おじぎをする、out of courtesy ＝ 礼儀として。海外では握手が一般的なので、おじぎはめずらしいとされる。

☐ 畳の材料のひとつはイグサです。
The main material used for tatami is mat rush.

😊 表現 mat rush ＝ イグサ

☐ 食前に「いただきます」と、食後に「ごちそうさま」と言います。
It is our custom to say "itadakimasu" and "gochisosama" before and after a meal.

☐ "かわいい"の意味を知ってる?
Do you know the Japanese expression "kawaii"?

⭐カルチャー "kawaii"は、ジャパニーズ・ファッションを表す言葉として世界的なブームになっている。

☐ 着物は特別なときにしか着ませんね。
We rarely wear kimono. It's only for special occasions.

😊 表現 rarely ＝ めったに...しない、special occasion ＝ 特別な機会

◯ 日本で人気のファストフードに、牛丼があります。
One of the most popular Japanese fast foods is "gyudon," beef bowl.

★ カルチャー beef bowl ＝牛丼。beef bowlはニューヨークで人気の日本食。

◯ 回転ずしは海外にもありますか?
Have you been to a "kaiten-zushi," a moving sushi bar, outside Japan?

★ カルチャー moving（conveyor-belt）sushi bar ＝回転ずし。回転ずしは海外の大都市にも進出し始め、そのユニークさが人気を集めている。ただし、すしにまったく関係ないフライドポテトなども回転していることも。

◯ 日本では、麺類は音を立てて食べます。
In Japan, it's OK to slurp when you eat noodles.

★ カルチャー slurp ＝（汁などを）すする。汁に入った麺をすする食べ方は、欧米では理解されにくい。スープは音を立てずに食べるのが原則だからだ。麺をすすって食べたほうがおいしいと説明してみよう。

◯ 相撲は日本の国技です。
Sumo is a national sport of Japan.

😊 表現 national sport ＝国技

◯ 東京の通勤電車はすさまじいですよ。
I don't think you will survive a rush-hour train in Tokyo.

😊 表現 survive ＝生き延びる

◯ 「草食系男子」と呼ばれる男性が日本で増えています。
"The herbivore man" is a current phenomenon in Japan.

😊 表現 herbivore men ＝草食系男子。日本独特の表現。欧米では見た目もがっちりとした「肉食系男子」が多い。

◯ 渋谷、原宿は若者の街です。
Shibuya and Harajuku are where young people hang out.

💡 プラスα hang out ＝たむろする。Aoyama and Omotesando have a more tranquil and chic atmosphere.（青山や表参道はもっと静かで大人の雰囲気です）

日本の紹介

音声は収録していませんが、楽しい表現、便利な表現を集めました

手紙・ファンレター

手紙の文例

○ 山田様、
Dear Mr. Yamada,

★メールでの最初の呼びかけ。はじめての相手に対してはDearを用い、相手のラスト
ネームに男性ならばMr.、女性ならばMs.（男女平等の観点から、近年は独身、既婚に
かかわらず、女性にはすべてMs....を添える）をつけて呼びかける。

○ ジョンさんへ、
Hi John,

★Hiを用いる呼びかけは親しい間柄のみ。あとに続くのは通常、相手のファーストネーム。

○ お元気ですか?
I hope you are doing well.

★相手の現状を尋ねるときの決まり文句。

○ 今後も連絡を取り合いましょう。
Let's stay in touch.

★stay in touch＝今後も連絡を取り合う

○ ご連絡をお待ちしています。
I look forward to hearing from you soon.

★最後の締めによく使う。さりげなく返事を催促するときにも。

○ ではお元気で。
Best wishes,

★結句として、どんな人間関係にも使える便利な表現。親しい間柄では簡単にBestと添
えることも多い。

○ よろしくお願いします。
Best regards,

★同じ結句でも、ビジネスの間柄でよく使われる。

☐ 昔からずっとファンでした。
I've always been your fan.

☐ 元気をもらってます。
I'm getting energy from you.
★get energy from... ＝...からエネルギーをもらう

☐ また試合を観^みに行きます！
I promise I'll come to see your game again!

☐ 引退してもずっと好きです。
I'll stay your fan forever even after you have retired.
★retire ＝ 現役から引退する

☐ いつまでも現役でいてください。
Please never give up what you are doing.

☐ 次、がんばって！
I wish you better luck next time!
★Better luck next time!（次は運がつきますように！）

☐ 膝のけがが早くよくなりますように。
I hope your knee injury will heal soon.
★knee injury ＝ 膝のけが、heal ＝ 治る

☐ 体調には気をつけてください。
Please take care of yourself.

はみだし！
ディープフレーズ②

音声は収録していませんが、楽しい表現、便利な表現を集めました

ドラマ・映画によくあるせりふ

社会派・刑事ドラマ

○ 犯人はだれ?
Who's the suspect?

○ 手を上げろ!
Freeze!
★Hands up! とも言う。Freeze! という表現は、かつてアメリカのルイジアナ州で日本人留学生が発砲され死亡した事件で、日本人にも広く知られるようになった。

○ 銃を置け!
Put your gun down!

○ 犯人はウイリアム通りを逃走中。
The suspect's running away along William St.
★ブルース・ウィリス主演の『ダイ・ハード』では、アメリカの大都市のど真ん中を主人公が駆け抜けるシーンが見ものだ。ニューヨークでは撮影のためにしばしば通行止めになったりする。

○ この白い粉は何だ?
This white powder tells us...
★...tells us ＝ ...によって何かがわかる

○ アリバイは?
Do you have an alibi?
★alibi ＝ アリバイ

○ またお前か!
Ah, you again!

○ DNA鑑定を急ぐんだ。
We've gotta hurry up on the DNA test.

◯ ここはロス市警の管轄だ。

This place is under the LAPD's control.

★LAPD＝ロス市警。ニューヨーク市警＝NYPD。人気ドラマ『刑事コロンボ』はロス市警のおとぼけ敏腕刑事、コロンボが活躍する話。

◯ FBIと取引するか?

You wanna deal with the FBI?

★deal with... ＝...と取引する。FBI(Federal Investigation Bureau)はアメリカの連邦捜査局。州をまたがる事件が起きたときに捜査に乗り出す。一方、CIA(Central Intelligence Agency)は、国家安全保障のための情報収集や諜報活動などを行う。

◯ 死刑か、終身刑かだ。

Death penalty or life sentence.

◯ 絶対に逃がさない。

We'll never let you go.

★let ... go ＝...を逃げさせる

◯ 潜伏捜査中です。

We're on an undercover operation.

◯ テロリストを指名手配した。

The terrorist is on the wanted list.

★on the wanted list ＝ 指名手配される

医療・戦争ドラマ

◯ 彼を手術台へ!

Get him on to the operating table!

★海外でも医療ドラマは人気。日本でも"ER(『ER』)"、"Grey's Anatomy(『グレイズ・アナトミー』)"などがブームになった。

◯ 患者の容体が悪化した!

The patient is in critical condition!

★in critical condition ＝ 危険な状態にある

☐ 輸血が必要です。
We need a blood transfusion.
　★blood transfusion ＝ 輸血

☐ 残念です。患者さんは亡くなりました。
I'm sorry. The patient has passed away.
　★pass away ＝ 人が亡くなる。die（死ぬ）の丁寧な言い方。

☐ 心拍停止。
His heartbeat has come to a halt.
　★heartbeat ＝ 心拍、come to a halt ＝ 止まる

☐ 戻らなかったら、この手紙をマリーに届けてくれ。
If I don't come back, hand this letter to Marie.
　★hand something to... ＝ ...を...に渡す

☐ ママの言うことをよく聞くんだぞ。
Remember, listen to your Mom, OK?
　★listen to... ＝ ...の言うことを聞く

☐ ロケット、発射！
The rocket's ready. Blast off!
　★長きにわたってファンの多い『スタートレック』、世界的に有名なSFファンタジー『スター・ウォーズ』、実際の事件を映画化した『アポロ13』など、宇宙や宇宙飛行士をテーマにした映画はアメリカでも人気が高い。

☐ 突撃！
Go!

青春・恋愛ドラマ

☐ 愛してるよ。
I love you.

☐ ごまかしてばかりね。
You're fooling with me, aren't you?
★fool with... = ...をごまかす

☐ いっしょに踊っていただけますか?
Would you dance with me?
★平凡なサラリーマンがダンスの先生に恋をする邦画『Shall We ダンス?』はアメリカでも好評で、リチャード・ギア主演のリメイク版も作られた。

☐ 夜は空いてる?
Are you free tonight?
★free = 時間が空いている

☐ お互い頭を冷やしましょう。
Let's cool down.
★cool down = 冷静になる

☐ 君のために、前に進もうと思った。
I wanted to move forward just for you.
★move forward =(勇気を出して)前に進む

☐ 身動きとれないし、息もできない!
Can't move, can't breathe!
★breathe = 息をする

☐ ジェシカはおまえのことが好きみたいだ。
Jessica seems to like you.
★アメリカの青春ドラマには、古くはロサンゼルスを舞台にした『ビバリーヒルズ青春白書』、同じくロスのリッチな高校生たちを描いた『The OC』、ニューヨークのマンハッタンを舞台にした『ゴシップガール』など、人気ドラマが数多くある。それぞれ、その時代の世相や風俗などを反映した内容となっている。

☐ ずっと待ってたのに。
I've been waiting for you for so long.
★for so long = ずっと。愛する人を待つのはつらい。映画『シェルブールの雨傘』では帰らぬ恋人をあきらめて結婚する主人公の切ない歌が印象的だ。

☐ 僕の美しい妻に乾杯!
Here's to my beautiful wife!

★映画『カサブランカ』に出てくる主人公のせりふ"Here's looking at you, kid!"は「君の瞳に乾杯」という字幕に訳され、話題を呼んだ。実際には「...に乾杯」はHere's to...と言う。

冒険・ホラードラマ

☐ これははるか昔のお話……。
Once upon a time...

☐ かかってこい!
Be my guest!

★Be my guest!＝お相手するぞ!

☐ さがってよい。
You may leave.

★leave＝その場を去る

☐ 逃げよう!
Run!

☐ 助けて!
Help me!

☐ じつは僕、ドラキュラなんだ。
I'm...I'm Dracula.

★ホラーの代名詞は、日本では幽霊、欧米ではドラキュラ(別名「バンパイア」)。「ドラキュラ」は、アイルランド人作家ブラム・ストーカーの、小説の主人公の名前だったが、その後、吸血鬼＝ドラキュラという名前で呼ばれるようになった。

☐ シッ! 静かに、何かいる。
Shh! Don't move. Something's there.

CHAPTER 6

人生・恋愛

誕生日・記念日

音声
2 -31

☐ 誕生日おめでとう!
Happy Birthday!

☐ 今日で25歳になりました。
I've turned 25 today.

☺ 表現 turn... = ...歳になる

☐ 楽しい一日を過ごしてくださいね。
Have a great day.

💡 プラスα Have a great weekend!(よい週末をお迎えください!)

☐ 誕生日に花束をもらった。
I got a bouquet for my birthday.

☐ 今日は結婚記念日だね。
Today is our wedding anniversary.

★カルチャー アメリカでは1年目、10年目、20年目などの節目に花、チョコレート、ワイン、宝石などを贈り合ったり、夫婦でディナーや旅行を楽しんだりすることも。

☐ 今年、父と母は銀婚式です。
My dad and mom will celebrate their silver wedding anniversary this year.

💡 プラスα silver wedding anniversary = 銀婚式。銀婚式は結婚25周年、金婚式は50周年。金婚式 = golden wedding anniversary。What a lovely idea to celebrate the marriage after having been together for a quarter of a century!(人生の四半世紀をともにしたお祝いをするなんてすてきね!)

☐ つき合い出して丸1年です。
It's been a year since we started dating.

💡 プラスα It's been...a year(s) since... = ...し始めて...年経つ。It's been three years since we first dated in Odaiba.(お台場でデートしてから、もう3年経ちます)

◯ サプライズパーティーは喜んでくれるかな。

I hope he'll enjoy our surprise party.

> ★カルチャー 海外ではサプライズパーティーが人気。家に着いたら突然電気がともって、大勢の友だちからいっせいに"Happy Birthday!"とお祝いされることも。

◯ プレゼントは何が欲しい?

What would you like for a present?

> ★カルチャー あらかじめ欲しいものをリストアップした"wish list"を家族や友人に渡すこともある。不要なものを受け取る確率が減り、合理的。

◯ バレンタインデーに手づくりチョコをあげた。

I gave my boyfriend handmade chocolates.

> ★カルチャー handmade＝手づくりの。バレンタインデーに、女性から男性にチョコレートを渡すのは日本独特の習慣。海外ではチョコレートの代わりに花、ワイン、アクセサリーなどをプレゼントし合う。

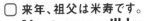

祝いごと   音声 2 -32 🍀

誕生日・記念日／祝いごと

◯ 来年、祖父は米寿です。

Next year will be our grandpa's "beiju," his 88th birthday.

> ★カルチャー 欧米では還暦を含め、一定の年齢で健康や長寿を祝う習慣がない。It's my mom's "kanreki," her sixtieth birthday. Let's throw a party!(お母さんの還暦だ。お祝いしよう!)

◯ 還暦のお祝いをしましょう。

Let's celebrate her "kanreki," a big turning point in life.

◯ 課長への昇進、おめでとうございます!

I heard you got promoted to section chief. Congratulations!

> 😊 表現 get promoted＝昇進する

◯ 結婚おめでとうございます。

Congratulations on your marriage.

217

祝いごと

おめでとうございます。

Congratulations
on your ☐ !

START

入学
admission to school
／university

卒業
graduation

勝利
victory

祝いごと

219

☐ 出産おめでとうございます！
Congratulations on your newborn baby !

😊 表現 newborn baby ＝ 生まれたばかりの赤ちゃん

☐ 大学の合格祝い、何が欲しい?
We want to congratulate you on getting into college. Is there anything you want?

⭐ カルチャー 日本では一般的に1、2月に大学の入学試験がある。アメリカでは毎年11月ごろからSATなどの共通試験の結果や成績、エッセーなどをそろえて希望の大学へ出願。選抜は3月くらいまで各大学で行われ、結果は個人に通知される。

☐ 成人式で叔母からお祝いをいただきました。
I received congratulatory money from my aunt on Coming-of-Age Day for turning 20 years old.

⭐ カルチャー Coming-of-Age Day ＝ 成人式。これも日本独特のもの。海外では18〜21歳くらいの範囲を成人になる年齢と考える国が多い。

☐ 就職が決まってよかったね。
I'm glad to hear you got a job.

💡 プラスα Congratulations on your new job !（新しい仕事が決まっておめでとう！）

引越し

音声 2 -33

☐ 家賃は1か月いくらですか?
How much is the monthly rent?

⭐ カルチャー monthly rent ＝ 1か月の家賃。海外には敷金、礼金の習慣はない。入居時にdeposit（保証金）を支払い、退居時にそれが払い戻されるシステム。

☐ トイレと風呂は別がいいです。
I'd like to have the bath and the toilet separate.

⭐ カルチャー 海外では「風呂とトイレはいっしょ」の住居が多い。

☐ 横浜へ引っ越します。
I'm moving to Yokohama.

😊 表現 move ＝ 引っ越しする

☐ 引越し業者を手配しなきゃ。
I need to book a moving company.

😊 **表現** book ＝ 予約する、moving company ＝ 引越し業者

☐ 見積りを出してもらえますか？
Would you send us an estimate?

😊 **表現** estimate ＝ 見積り

☐ ペットは飼えますか？
Can we keep pets in our new apartment?

⭐ **カルチャー** 海外でアパートを契約する際には、かなり細かい契約を交わす。契約書に庭でバーベキューをやってよいかどうかまで含まれることも。

☐ 今の住まいは2LDKです。
We have a living room, two bedrooms, and a kitchen.

💡 **プラスα** 2LDK、3LDKなどの表現は日本独特。living room ＝ 居間、bedroom ＝ 寝室、kitchen ＝ 台所。屋根裏部屋 ＝ attic、風呂 ＝ bathroom、車庫 ＝ garage

---

☐ 郊外に一軒家を購入しました。
We bought a house in the suburbs of Tokyo.

💡 **プラスα** in the suburbs ＝ 郊外に、house ＝ 一軒家。賃貸のマンション・アパート ＝ apartment、分譲マンション・アパート ＝ condominium（condo）、一軒に2家族が住むようになっている家（通常、縦に2つに分かれている）＝ duplex

---

☐ 引越し作業、手伝おうか？
Do you want me to help you with moving out?

💡 **プラスα** move out ＝ 引越しのために家を出る。次の家に引っ越す ＝ move in

☐ 引越しそばを食べましょうよ。
Let's eat soba noodles after we move in.

⭐ **カルチャー** もともとは引越しの際、近所にそばを配ったことから、「引越しそば」といわれるようになった。現在でも引越し当日に食べることがあるが、もちろん日本独特の習慣。アメリカでは引っ越すと、近所の人を呼んでhousewarming partyをする。

☐ ルームシェアする友だちを紹介するよ。
Let me introduce my roommate.

引越し

THEME 32 人生

葬式・法事

音声 2 -34

☐ このたびはご愁傷様でした。
My condolences.

> 🌊 **文法** condolences ＝ お悔やみ。複数形を使う。I'm sorry for your loss.（亡くなられて残念です）と言うことも。

☐ ご冥福をお祈りします。
My deepest sympathies.

> 💡 **プラスα** 手紙やメールの最後に記すお悔やみの言葉。ツイッターやフェイスブックでRIP ＝ Rest In Peace（安らかにお眠りください）と記す。

☐ 享年58でした。
She was only 58 when she died.

☐ 若過ぎる死でした。
She was too young to die.

☐ 喪服の準備ができませんでした。
I don't have my mourning dress with me now.

> ★ **カルチャー** mourning dress ＝ 喪服。海外でも喪服は黒の正装が一般的。

☐ 明日の新聞に死亡広告を出します。
We'll put an obituary in tomorrow's newspaper.

> ★ **カルチャー** obituary ＝ 死亡報告。海外の新聞にはObituary（訃報）という項目が必ずある。

☐ 葬儀場はどこですか?
Where's the funeral hall?

> 😊 **表現** funeral hall ＝ 葬儀場

☐ 葬儀は教会で執り行われます。
The funeral service takes place at a church.

> 😊 **表現** take place ＝ 行われる

○ ご遺族に香典はいくら包みますか?

**How much condolatory money do you think
I should give to her family?**

⭐カルチャー condolatory money =香典。欧米では葬式にお金を包む習慣はない。逆に
お金を渡すと失礼になるので注意。

○ 線香をあげさせてください。

Let me offer incense sticks for the deceased.

⭐カルチャー incense sticks =線香。deceased =亡くなった人。キリスト教の場合、参列者
が聖書を読んだり、賛美歌を歌ったりする。カトリックではキャンドルをともす。

○ 今年、父の七回忌です。

**This is the seventh anniversary of my father's
death.**

💡プラスα 一周忌、三回忌、七回忌に家族や親戚が集まるのは仏教のしきたり。
anniversaryという単語は喜ばしいことにも、法事などの厳粛な儀式にも使える。

○ お墓参りに行って来ました。

**I visited my family's grave to pay respects to my
ancestors.**

⭐カルチャー pay respects to... =...にお参りする。欧米では墓は個人で分かれているの
で、先祖を一斉にお参りする習慣はない。

葬式・法事／介護

介 護

音声 2 -35

○ 最近、母の認知症が進みました。

My mother's dementia is getting worse these days.

☺表現 dementia =認知症

○ 父の介護をしています。

I'm taking care of my elderly father at home.

○ 高齢化社会ですから。

We live in a rapidly-aging society.

⭐カルチャー aging society =高齢化社会。日本だけの問題ではない。一人っ子政策で子
どもの数が減った中国でも近い将来、深刻な問題になるおそれがある。

☐ 週に2回、ホームヘルパーに来てもらってます。
We have a home helper come twice a week.

☐ おばあちゃんは、すっかり寝たきりになってしまいました。
My grandma has been bedridden for years.
😊 表現 bedridden＝寝たきりの

☐ 最近は僕の顔もわからないみたいだ。
She doesn't even recognize my face now.
😊 表現 recognize one's face＝…の顔を認識する

☐ お風呂に入れてあげましょう。
Let's give her a bath.
😊 表現 give one a bath＝…を風呂に入れる

就 職
音声 2 -36

☐ なかなか就職先が決まらない。
My job hunting never ends.
😊 表現 job hunting＝就職活動

☐ 新卒採用では受けられないんだよね。
I don't qualify as a new graduate for Japanese companies.
⭐カルチャー qualify＝資格がある、new graduate＝新卒。海外では新卒の一斉採用はめずらしい。新卒である必要はなく、経験者を中途採用することも多い。

☐ リクルートスーツを買いました。
I bought a new suit for job hunting.
⭐カルチャー リクルートスーツは和製英語。海外でも金融などの堅い職業では、job interview（面接）で黒やグレーなど地味な服装で臨むことが多い。

☐ 面接にこのスカート短過ぎるかしら?
Do you think this skirt is too short for the interview?

☐ 志望動機は何ですか?

Why did you apply for this position?

★カルチャー apply for＝志望する。とくに欧米では、会社ではなく特定の職種やポジションに対して応募する。What's your motivation for applying to our company?（我が社を受けた動機は何ですか?）

☐ 食品業界に就職したいです。

I'd like to work in the food industry.

💡プラスα 自動車業界＝automobile／car industry、ゲーム・コンピュター業界＝game and computer industry、住宅業界＝housing industry、アパレル業界＝apparel industry、出版業界＝publishing industry

☐ 仕事で語学力を生かしたいです。

I'd like to use English at work.

😊表現 at work＝仕事で

☐ 今日は最終面接です。

I'll have the final interview today.

★カルチャー 筆記試験＝written test、一次面接＝first interview、二次面接＝second interview。欧米では新卒の一斉採用はないので、書類審査後に、電話によるインタビュー、そのあとに面接、という段階を踏むことが多い。

☐ ビジネス英会話のレベルです。

My English is at business level.

💡プラスα business level＝ビジネスレベルの。会話程度の＝conversational level

☐ この業界でコネ入社なんて普通だよ。

You often get a job through connections in this industry.

💡プラスα I have pull with someone in that company.（あの会社にコネがあるんだ）

☐ 3社から内定をもらいました。

I got an informal job offer from three companies.

😊表現 informal job offer＝内定をもらう

☐ 10名採用されました。

10 people were hired.

😊表現 hire＝採用する

就職

☐ 総務部に配属になりました。

I got assigned to the General Affairs Department.

😊 表現　assigned to... ＝ ...に配属される

☐ 派遣会社に登録しました。

I'm registered with a temp agency.

😊 表現　temp agency ＝ 派遣会社

☐ 日本の就活は、学歴がものをいいますね。

Educational background counts for a lot in job hunting in Japan.

★カルチャー　count for ＝ 価値をもつ。学歴がものをいうのは日本だけではない。海外でも有名大学出身者は有利だが、同時に経験や能力を重視する傾向も強い。

☐ クビです。

You're fired.

😊 表現　fire ＝ クビにする

☐ まずは就労ビザを取ろう。

I need to get a work visa first.

★カルチャー　海外で働くにはwork visa（労働許可証）が必要。アメリカではH1というビザがあり、取得の条件が厳しい。取得にはそれなりの時間がかかることも。

☐ ワーキングホリデーにかなり興味があります。

I'm quite interested in the Working Holiday system.

★カルチャー　いわゆるワーホリは海外でも人気。働きながら、その国の言語や文化を学ぶことができる。

健康　音声2 -37

☐ 健康診断の結果はどうだった?

How was your annual checkup at the hospital?

😊 表現　annual checkup ＝ 年に一度の健康診断（人間ドック）

☐ 健康第一。

Nothing is more important than being healthy.

☐ コレステロール値が高いって。

The doctor said that my cholesterol levels are too high.

💡プラスα cholesterol＝コレステロール。血圧＝blood pressure、血糖値＝blood sugar level、尿検査＝urine test

---

☐ 肥満の一歩手前ですよ。

You are on the brink of obesity.

⭐カルチャー on the brink of...＝...の寸前。ファストフードの消費量が多いアメリカでは肥満の人が多い。大統領夫人が子どもの肥満解消キャンペーンを行ったこともある。

☐ 毎日、サプリメントを飲んでます。

I take supplements every day.

☐ 1日10キロ走っています。

I run 10 kilometers a day.

💡プラスα My doctor told me to do more exercise. I'll start jogging from tomorrow.（医者にもっと運動するように言われたよ。明日からジョギングしようっと）

☐ 食事は野菜中心です。

My diet is based on vegetables.

⭐カルチャー diet＝食事、based on...＝...が中心の。アメリカの富裕層の中にはオーガニックの野菜しか食べない人も。大都市には必ずオーガニック専門店がある。

☐ 手洗い、うがいは忘れずにね。

Don't forget to wash your hands and gargle after you come home.

😊表現 gargle＝うがいをする

☐ お酒とたばこはやめました。

I quit both drinking and smoking.

☐ 毎朝、青汁を飲んでます。

I drink wheatgrass juice every morning.

😊表現 wheatgrass juice＝青い野菜だけでできているジュース（青汁のようなもの）

健康

出会い・ナンパ

音声 2 -38

☐ ねえねえ、彼女！
Hey girl！
💡 プラスα ナンパをするときは、girlのiをわざとuと発音することがある。

☐ 今、ひま？
Are you free right now？
☺ 表現 free ＝（デートの）時間がある

☐ どこから来たの？
Where are you from？
💡 プラスα Where's your hometown?（出身地はどこ？）

☐ かわいいね！
You're really cute！

☐ 時間があったらお茶しない？
Do you wanna go for coffee？
💡 プラスα wannaはwant toを省略した形。ごく親しい間柄で、くだけた口調として使える。

☐ ひとり？
Are you with anybody？
☺ 表現 with anybody ＝ 連れがいる

☐ どこかで会ったことありません？
Have we met somewhere？
☺ 表現 Have we met? ＝ 会ったことある？ 知らない相手に近づくときの決まり文句。

☐ 隣、空いてます？
Can I sit with you？

☐ 1杯おごります。

Let me buy you a drink.

😊 表現 buy one a drink ＝ ...に1杯酒をおごる

☐ また会いませんか?

Shall we see each other again?

😊 表現 see each other again ＝ また会う

☐ メアド教えてよ。

Can I ask for your email address?

😊 表現 ask for one's email address ＝ ...のメールアドレスを聞く。興味のある人にメアドを尋ねるのは海外でも同じ。

☐ お願い! 1回だけデートしよう。

Please, go on a date with me just this once !

😊 表現 go on a date with... ＝ ...とデートに行く、just this once ＝ 今回1度だけでいいから

☐ ほうっておいて。

Leave me alone.

😊 表現 あまりに相手がしつこいようなら、こう言って断ろう。

☐ 意味がわかりません。

I don't understand what you're saying.

☐ 連れがいるんで。

Sorry, I'm with someone.

😊 表現 with someone ＝ 連れ。しつこい相手を撃退するのにいちばん効くフレーズ。

片思い・愛のささやき 音声 2 -39

☐ 彼のことが気になるの。

He's always on my mind.

💡 プラスα on one's mind ＝ (...が)気になる。He makes me feel uneasy.(彼のことが気になって、心が落ち着かない)

☐ 会うとドキドキする。

I'm no longer myself when I meet him.

💡 プラスα no longer oneself＝普通の状態でいられない。I'm so nervous around him.（彼のそばにいるとドキドキしちゃう）

☐ 彼女のことが好きなのかもしれない。

Seems like I've fallen in love with her.

😊 表現 fall in love with...＝...に恋する

☐ 彼女のことで、胸がいっぱい。

My heart is bursting with love for her.

😊 表現 burst with...＝...ではちきれそうな

☐ すっごくすてきな人！

What a cool guy he is！

💡 プラスα cool guyとは見かけはもちろん、着こなし、ふるまいも含めてさわやかな男性のこと。

☐ ずっと片思いしているんだ。

I know this is a one-sided love, but I can't stop loving him.

💡 プラスα one-sided love＝片思い。unrequited loveとも言う。

☐ せつない……。

I miss him so much...

😊 表現 miss＝恋しく思う

☐ 胸がキュンとする。

My heart aches.

😊 表現 ache＝痛む

☐ 私、面食いなんだ。

I like good-looking guys.

💡 プラスα good-looking＝外見のよい。I go for handsome men.（私はイケメン好きなの）

☐ よりによって同じ女の子を好きになるなんて。

Why do we happen to like the same girl?

□ つき合っている人、いるのかな？
Are you seeing someone?

    😊 表現 see someone ＝だれかとつき合っている

□ もてもてだよね。
You're so popular with guys.

    😊 表現 popular with... ＝...に人気がある

□ 彼のことが好き過ぎて、どうにかなっちゃいそう。
I'm madly in love with him.

    😊 表現 madly in love with... ＝（心が狂いそうなくらい）...が大好き

□ 彼女っていちずだね。
She loves him for life.

    😊 表現 for life ＝一生

告 白

音声 2 -40

□ つき合おうよ。
Be my girlfriend.

□ よかったらつき合ってください。
Will you go out with me?

    💡 プラスα go out with... ＝...とつき合う。Will you be my boyfriend／girlfriend? と言うことも。

□ 好きです。
I like you.

□ 愛してるんだ。
I love you so much.

□ 言おう言おうと思っていて、言えなかった……。
I always wanted to say it... but I couldn't.

世界のライフスタイル
──仕事・結婚・子育て

バランスのとれたライフスタイル

　他の先進諸国と比べると、日本は長時間労働のわりには1人当たりの生産性が低いといわれる。2018年のOECDの調査では「時間当たりの労働生産性」が加盟36か国中20位、主要先進7か国中では最下位だった。

　長時間労働のおもな原因は残業だ。みながいっしょに長時間働くことを美徳とする社会では、終業時刻になったら「失礼！」と自分だけ退勤するのはまわりに気が引ける。一方、欧米では一部のエリートは例外として、17時になったらさっさと帰宅する人が多い。金曜日ともなれば気分はすっかりホリデー。午後には会社ががらんとすることもある。気づいたらオフィスに自分だけが取り残されていたと嘆くのは、たいてい日本人だ。

　仕事以外の人生を大切にするのも、欧米人の特徴。ヨーロッパでは夏に3〜4週間のバカンス、冬には長いクリスマス休暇をとるのが一般的だ。ヨットで航海したり、南の島でのんびりしたり、まるでそのために生きているかのよう。60歳を過ぎても働きたいと考える人はめずらしく、退職金や年金で優雅にスポーツや旅行を楽しむのが、彼ら流の「人生の過ごし方」なのだ。

結婚しない男女の形

　日本、韓国、アメリカ、フランス、スウェーデンの5か国を対象にし、結婚や育児に関する意識調査が行われた。日本・韓国では法律に基づく結婚をしている人に比べ、男女の同棲率は極めて低い。一方フランスやスウェーデンではかなりの数の男女が「同棲婚」を選んでいる。日本とヨーロッパでは婚姻の形が制度上異なるので正確な比較はできないが、概してフランスや北欧では、形にこだわらない

WORLD REPORT ⑧

合理的な「同棲婚」を好む傾向がある。

　同じ調査で、夫は外で働き、妻は家庭を守るという考え方が日本人には根強いが、フランスやスウェーデンでは反対の人が多いこともわかった。これらの国では男性も女性と同じように育児休暇をとり、女性が忙しいときには男性が料理や洗濯もする。もちろん、それができるのも長過ぎない労働時間、休日を大切にする文化があってこそ。そんな夫婦のあり方は日本でも賛同を得つつあり、近年はイクメンも少しずつだが増えている。

教育ママは世界中いずこにも！

　教育熱心な国というと、日本、韓国などアジアの国々が思い浮かぶ。アジア人の親が教育熱心なことは海外でもよく知られている。

　自由競争の国・アメリカにも教育熱心な親は多い。ステージママのごとく子どものサッカーに熱心についてまわり、教育にも熱心な母親をsoccer mom（サッカー・マム）という。また、有名校に入学させようと子どもを必要以上にプッシュする、おもにアジア系の母親を指してtiger mother（タイガー・マザー）と呼んだりもする。子どもの学校の成績やスポーツの出来、あらゆることに口を出す熱心過ぎる親たちは世界中どこにでもいるのだ。

　日本では、権利意識が強く学校に文句をつけに乗り込んでくるmonster parent（モンスター・ペアレント）が知られているが、アメリカでは異常に過保護な親たちをhelicopter parent（ヘリコプター・ペアレント）と呼ぶことも。ヘリコプターで遭難者を救う場面が、彼らの過保護な姿によく似ているからだ。現在のアメリカでは子どもが就職した職場に様子を見にいく親もいて、そのような親たちの訪問を積極的に受け入れる企業もあるという。

　そういった競争社会とは無縁で、のびのびした環境の中、子どもたちの学力向上著しいのがフィンランドだ。OECDの国際的な学習到達度調査（PISA）で同国がトップに躍り出たのは記憶に新しい。国土や人口の規模、社会的環境が異なるので単純には比較できないが、集団主義ではなく、個人主義のフィンランドでは、少人数の環境で子ども一人一人に適した教育を行いやすいという。そういった環境では親や子どもたちの満足感も高く、monster parentが出現する可能性も低いのだろう。

☐ 僕たち、もうつき合ってるのかな?
Are we dating?
🙂 **表現** いっしょによく出かけても、単なる友だちなのか、交際しているのかわからないときに、相手に尋ねるフレーズ。

☐ 一目惚れです。
This is love at first sight.
🙂 **表現** love at first sight ＝ 一目惚れ

☐ 好みのタイプなんだ。
She's my type.
🙂 **表現** my type ＝ 自分の好み

☐ こんな僕じゃ、だめかな?
Do you think I don't deserve her?
💡 **プラスα** deserve someone ＝ …とつき合うに値する。You deserve someone better. Let's break up.（君にはもっといい人がいるよ。別れよう）

☐ ほかに恋人がいるの。
I'm seeing someone else.
🙂 **表現** こう言われたら、とりあえずあきらめるしかないかも。

☐ あなたとは友だちのままでいたいな。
Let's just be friends.
🙂 **表現** 恋人を解消して、友だちになりたいとき、または告白を断るときにも使える。

☐ 今はちょっと……。
I don't think it's the right time to...
🙂 **表現** the right time to... ＝ …するのにちょうどよい時期。ストレートに断れないときに便利な表現。

☐ ごめんなさい。
I'm sorry.

☐ 君のこと、嫌いじゃないんだけどさ……。
I like you but...

◻ 僕は男しか愛せないんだ。
I only love men.

◻ 彼はゲイなのかもしれない。
I guess he's gay.

★カルチャー ゲイの反対はstraight。Do you know if he's gay or straight?（彼って、ゲイかストレートか知ってる?） 欧米でもゲイかストレートかはうわさ話で盛り上がるが、堂々とカップル宣言する人たちも多い。

デート

音声 2 -41

◻ どこか行きたいところある?
You wanna go somewhere?

! 注意 wannaはwantの口語形。カジュアルな場を選んで、ごく親しい間柄で使おう。

◻ 僕の英語、聞き取れる?
Can you understand my English?

💡プラスα Yeah, I understand most of what you're saying, but can you slow down a bit?（大体あなたの言うことがわかるけど、もう少しゆっくり話せる?）

◻ 映画を観に行かない?
Do you wanna go see a movie?

★カルチャー アメリカ人のはじめてのデートは二人でランチやディナー。回数を重ねるごとに、映画やいっしょに楽しめるスポーツなどへと進展していく。個人差もあるが、通常はある程度の期間そのような交際を経てから、大人の恋人関係へと発展することが多い。

◻ 海へ行きたいな。
I'd love to go to the beach.

☺ 表現 love to...＝すごく...がしたい

◻ ごめん! 待ち合わせに遅刻しそう。
I've gotta go. I'll be late for my date.

💡プラスα gottaは口語。I have to go.とも言う。

デート

235

☐ 手、つないで。
Hold my hand.

☐ 腕組んでもいい?
May I take your arm?
　😊 **表現** take one's arm＝…と腕を組む

☐ キスして!
Give me a kiss!

☐ 今日は泊まれる?
Can you stay over?
　😊 **表現** stay over＝泊まる

☐ 二人で旅行したいな。
Let's take a trip. Just the two of us.
　😊 **表現** just the two of us＝二人きりで

☐ まだ帰りたくない。
I don't wanna leave you tonight.
　😊 **表現** leave someone＝…をひとりにする

☐ 家まで送って行くよ。
I'll drive you home.
　😊 **表現** drive someone home＝…を家まで車で送る

☐ 家に着いたらメールしてね。
Text me when you get home.

☐ 今夜が永遠に続けばいいのに。
I wish the night would never end.
　😊 **表現** 直訳は「夜が終わらないでほしい」。二人だけの熱い夜にはだれもがそう思う?

☐ 朝帰りしたら親に怒られちゃう。
My parents will be really mad if I go back in the morning.
　💡 **プラスα** I can't be late for my curfew!（門限までに帰らなきゃ!）

236

☐ 今日は帰さないよ。
I won't let you go today.

☐ やさしくしてね。
Be gentle with me.

☐ はじめてだから緊張する……。
This is my first night with you. I'm nervous...

😊 表現 one's first night with... = ...とはじめての夜

☐ 恥ずかしがらないで。
You'll be alright.

☐ ごめんなさい今、生理中なの。
Sorry,...it's that time of the month.

💡 プラスα that time of the month = 月のもの。I'm having my period.（私、生理中なの）を遠まわしに言っている。

☐ 絶対、ゴムつけてね。
Be sure to use a condom.

😊 表現 condom = コンドーム

☐ HIVの検査はした?
Have you had an HIV test?

😊 表現 HIV test = エイズの検査

☐ エッチなビデオ観る?
Do you want to watch porn?

😊 表現 porn = ポルノビデオ

☐ 最近、マンネリだよね。
We seem to have gotten stuck in a rut lately, haven't we?

😊 表現 stuck in a rut = （夫婦関係などが）マンネリ化する

☐ 愛し合おうか。
Let's make love.
😊 **表現** make love = セックスする

☐ すごくよかった。
That was really great.
💡 **プラスα** greatはどんなシチュエーションでも使える魔法の言葉。That was super !
（超よかった！）

☐ ギュッと抱きしめて。
Give me a big hug.
😊 **表現** 抱きしめてほしいときに使う決まり文句。

☐ そこはいや！
Don't touch me there !

☐ 痛い！
It hurts !

別 れ
音声 ② -43

☐ もう、終わりにしよう。
Don't you think it's time we broke up?
😊 **表現** break up = （男女が）別れる

☐ ごめんなさい、もうついていけません。
I'm sorry. I can't put up with you any longer.
😊 **表現** can't...any longer = もはや...することができない、put up with = 我慢する

☐ 別れましょう。
Let's separate.

☐ 友だちに戻ろうか。
Let's go back to being friends again.
😊 **表現** go back to... = ...に戻る

☐ 好きな人ができたの。
I have someone in mind.

☺ 表現 someone in mind ＝気にかけている人、つまり好きな人

☐ もう友だちとしてしか見られないんだ。
I consider you just as a friend.

☺ 表現 consider ＝考える、just as a friend ＝友だちとしてしか

☐ 嫌いなわけじゃないんだよ。
I'm not saying I don't like you any more.

💡 プラスα I'm not saying... ＝...と言っているわけじゃない。I'm not saying you're boring...(君が退屈な人だと言っているわけじゃないけど……)

☐ もう、つきまとわないで。
Stay away from me.

☺ 表現 stay away from... ＝...から離れる

☐ 別れたら後悔するよ?
You'd regret it if I left you.

☺ 表現 regret ＝後悔する

別れ

☐ 過去ばかり振り返っていても仕方ない。
We shouldn't just be looking back.

☐ もう一度やり直そう。
Let's start again.

💡 プラスα start again ＝やり直す

☐ 家の鍵、返して。荷物は送るね。
Leave the house key. I'll send you your stuff later.

☺ 表現 your stuff ＝(口語で)あなたの所有物

☐ アドレスも削除します。
I'll delete your email address, too.

☺ 表現 delete ＝削除する

☐ 着信拒否設定にしてます。

I'm blocking you.

💡 **プラスα** block＝妨げる。How could you do that? You blocked me?（ひどいわ。私を着信拒否するなんて）

多様な生き方

音声 2 -44

☐ 私は同性愛者です。

I'm gay.

☐ キャリアと結婚で迷っています。

I'm wondering which one to choose. Career or marriage?

⭐ **カルチャー** 先進国アメリカでも女性の間でこの悩みは深刻。キャリア形成と結婚・妊娠の時期とが重なっているためだ。卵子凍結（egg freezing）の可能性を探る女性も増えている。

☐ これからはもっと男性も育児に参加する時代です。

More men should be involved in child rearing in the future.

☐ 性同一性障害者としてカミングアウトしました。

I came out as transgender.

☐ 日本では、同性婚はできません。

Same-sex marriage has not been legalized in Japan.

⭐ **カルチャー** アメリカの一部の州では、same-sex marriage（同性婚）が合法になっている。しかし都心を離れるほど、同性婚に対する差別が根強いともいえる。

☐ 多様な生き方が認められつつある。

People are beginning to accept diverse ways of life.

⭐ **カルチャー** diverse＝多様な。欧米では多様な生き方を肯定する傾向が強くなっている。ヨーロッパの一部の国では、半数近くの人が法律上の婚姻をしていないこともめずらしくない。長く同居していれば、結婚しているのとほぼ同等に扱われる国もある。

音声は収録していませんが、楽しい表現、便利な表現を集めました

結 婚

プロポーズ

☐ 結婚してください。
Marry me.
★プロポーズでいちばんストレートな言い方。Will you marry me?（結婚してください）

☐ 僕のお嫁さんになって。
Be my wife.

☐ 君を幸せにするよ。
I promise I'll make you happy.
★make one happy ＝…を幸福にする。男女平等の現代、これからはLet's be happy together！（ふたりで幸せになろう！）と言う人が増えるはず。

☐ 駆け落ちしよう。
Let's elope.
★elope ＝駆け落ちする

☐ 一生、苦労させないよ。
I'll make you happy for the rest of your life.
★the rest of your life ＝君の一生において。プロポーズの定番フレーズ。

☐ いいかげん、プロポーズしてくれる？
I've been waiting for your proposal for so long. Isn't now the time?
★Isn't now the time? ＝「今でしょ！」というニュアンス

☐ 君の両親にあいさつに行かなきゃ。
I want to meet your parents soon.
★現代の欧米では互いの両親に、自分たちの結婚やつき合いの承諾を求めることはめずらしいが、クリスマスやサンクスギビングデー（感謝祭）などを利用して両親に彼女（彼）を紹介するときは、結婚や正式なつき合いを前提にしていることが多い。

多様な生き方／プロポーズ

☐ 3人の子持ちだけど、いいのかしら?
I have three kids from my previous marriage.
Is that all right?

★previous marriage ＝ 離婚前の家族。離婚率の高い欧米では、子連れの再婚はめずらしくない。

☐ 何人子どもが欲しい?
How many kids do you want to have?

☐ もちろんOKよ!
My answer? Of course, yes!

☐ ちょっと考えさせて。
Give me some time to think.

★give one some time ＝ …に時間を与える

☐ ごめんなさい。結婚はできない。
I'm sorry. I can't marry you.

結婚式

☐ あなたの国の結婚式はどんな感じなの?
What are wedding ceremonies in your country like?

★北欧やヨーロッパの一部では派手な結婚式を好まず、親や親しい友人を招いて、町のシティ・ホールなどでかんたんに式を挙げることが多い。その場合の新郎新婦は正装ではなく、ちょっとしたおしゃれ着程度。

☐ ハワイで憧れの海外挙式をします。
It's been my dream to get married in Hawaii.

☐ ウエディングドレス、とても似合ってる!
You look beautiful in your wedding dress!

★look beautiful in... ＝ …がとても似合っている。花嫁衣装が似合わない花嫁はいない。How beautiful you are !(なんてきれいなの!)

☐ 婚約発表をしよう。

Let's tell everyone we are engaged.

★be engaged＝婚約する

☐ 独身最後のパーティーをしよう!

Let's throw a bachelor party !

★bachelor party＝結婚式の直前、独身男性が友だちと楽しむパーティーのこと。女性の場合、アメリカでは bachelorette party、イギリスでは hen nightなどと言う。

☐ 介添人になるのが夢だったの。

I always wanted to be a bridesmaid.

★西洋のキリスト教の結婚式では、花嫁にはbridesmaid、花婿にはbest man／groomsmanがついて世話をするしきたりがある。未婚のきょうだいや、いとこなど近い親戚が担うことが多い。

☐ 招待客は何人くらいにする?

How many people shall we invite?

☐ 予算はどれくらいになるかな?

How much will our budget be?

結
婚
式

☐ 籍を入れました。

We are now officially married.

★結婚相手の籍に入るというのは、家制度を重視してきた日本独特のシステム。海外でも役所に行って結婚の手続きはするが、籍という概念やしくみはない。

☐ 結婚式は挙げないつもりです。

We are not having a wedding ceremony.

☐ 新婚旅行はどこへ行くんですか?

Where are you going for your honeymoon?

★honeymoon＝ハネムーン

☐ ご両親にあいさつして来ます。

I'll go greet your parents.

☐ 結婚祝いの品は受付に渡せばいいのかな?

Should I hand this wedding gift to someone at reception?

★wedding gift＝結婚祝いの品。欧米では、結婚式で通常、金品の受け渡しをしない。アメリカでは新郎新婦があらかじめデパートで結婚祝い品リストを登録し、友人や親戚はそのリストから品物を選び、プレゼントする。Let's register with this department store.(このデパートに結婚祝い品リストを登録しよう)

☐ 何回お色直しをしようかな?

How many times shall I change dresses?

★かつて日本でお色直しがはやった時期もあるが、近年は最後まで同じウエディングドレス一枚で通す合理的な結婚式が増えている。欧米ではお色直しをしないのが一般的。

☐ 新婦のお父様より祝辞をちょうだいします。

We'd like to ask the father of the bride to give a speech.

★「祝辞は来賓から」という習慣は日本独特。欧米ではfather of the bride(花嫁のお父さん)とbest man(花婿の親友)がスピーチすることが多い。

☐ 指輪の交換を。

Exchange the rings.

☐ 誓いのキスを。

Now, you may kiss the bride.

★誓いの言葉、指輪の交換のあとに神父が言う決まり文句。

☐ 二人の前途を祝して乾杯!

Here's to the bride and groom!

★bride and groom＝新郎新婦

☐ 式に参列してくれてありがとう。

Thank you for coming to our wedding.

☐ 幸せになってね。

We wish you everlasting happiness.

★everlasting＝永久的な

○ 私もあやかりたーい。

I hope I'm next.

★「花嫁のブーケを受け取った独身女性は次に結婚できる」という言い伝えがある。我先にと一生懸命ブーケを受け取ろうとする女性たちのユーモラスな姿は、よく映画に登場する。

けんか・浮気

○ 悪いところは悪いと認めたほうがよいと思う。

You should admit your own weaknesses.

★weakness ＝ 弱点

○ 元カレと比べるなよ。

I'm not your ex.

★ex ＝ 元カレ／元カノ

○ ぶたないで！

Don't hit me!

○ いつも不機嫌だね。

You're always fussy.

★fussy ＝ 不機嫌な

○ もう話しかけないでほしい。

Don't ever talk to me again.

★Don't ever... ＝ 絶対に...しないで

○ ギャンブルはやめてよ。

Quit gambling.

○ 携帯を見るのはルール違反だ。

You shouldn't look at my cell phone.

★恋人や夫（妻）の携帯をのぞくのは、どこの国でもルール違反。I've locked my cell phone.（携帯にロックをかけたよ）

☐ 自己中だよね。
You only think about yourself.
★You're selfish.（いつも自分中心なのね）

☐ あんたなんて大嫌い！
I hate you！
★かなりきつい言葉なので、使うときは気をつけて！

☐ 言い過ぎちゃった、ごめんね。
I said too much. I'm sorry.
★say too much ＝ 言い過ぎる

☐ お互い様だね。
So am I.
★So am I. ＝ 自分も同じである。I like soap operas.（昼メロが大好き）、So do I.（私もよ）

☐ ふたりで解決していこう。
We'll work it out together.
★work out ＝ 解決する

☐ これから、君のためにがんばるよ。
I'll do whatever I can to make it up to you.
★make it up ＝ つぐなう。Just tell me how I can make it up to you.（どうしたらつぐなえるか教えてくれ）

☐ 仲直りしてくれる?
Will you forgive me?
★欧米人の夫婦（または恋人どうし）のけんかは派手だ。互いの意見をとことん闘わせる。むっとしたまま黙ってしまう、というけんかは少ない。

☐ 今回だけ許してあげる。
I'll accept your apology. Just this one time.
★accept ＝ 受け入れる

☐ 最近、夫が変なの。
My husband's been acting strange lately.
★act strange ＝ 不審な行動をとる

○ 浮気してるだろう?
Are you having an affair with someone?

★ have an affair with... =...と浮気している

○ 隠しても無駄よ。
You can't hide your affair from me.

★ hide = 隠す

○ 気づかないとでも思ってるの?
Do you think I haven't noticed?

★ Don't ever cheat on me. (二度と浮気しないで)

○ ばかにするのも、いいかげんにしてくれよ。
Don't take me for granted.

★ take one for granted... =...を当たり前だと思う、つまりばかにするという意味にもなる。You don't know me. (私を甘くみないで)

○ こそこそ会うのはもう嫌だ。
I'm tired of meeting secretly.

★ be tired of... =...に嫌気がさす、secretly = 秘密に

○ 家には電話して来ないで。
Don't call me when I'm at home.

○ このことは内緒にしましょう。
Let's keep it a secret.

★ keep it a secret = 何かを秘密にする

○ 君との関係が重荷なんだよ。
I think we're moving too fast.

★ move too fast = 関係が思っている以上に進む。暗に、相手と関係を続けることが負担だと述べている。Maybe we should slow down. (少し距離をおかないか?)

○ 君との関係はただのゲームだ。
I was just playing with you.

★ play with... =...と遊びの関係である。To be honest, I wasn't serious about you. (正直に言って、君とは真剣じゃなかったんだ)

仮面夫婦

☐ あなたのことなんて関心ないわ。
I'm no longer interested in you.
★be no longer interested in... ＝ ...にもはや興味がない。こう言われたら、かなりつらい。

☐ もう何年もセックスレスです。
We've been sexless for years.
★sexless ＝ セックスがない

☐ 言葉も交わしません。
We don't even talk at home.

☐ 子どもが大きくなったら、夫と別れたいの。
I want to divorce my husband when my children grow up.
★「離婚は子どもが大きくなってから」という考えは日本人に根強い。欧米人は嫌だと思ったらすぐに別れる。そのため、女性も普段から収入を得て経済的に独立しておくという意識が高い。

☐ お互いに恋人がいます。
We're seeing other people behind each other's backs.
★behind each other's backs ＝ 互いにわからぬよう隠れて

☐ 寝室は別々です。
We sleep in separate bedrooms.
★separate bedrooms ＝ 別々の寝室

☐ 夫のいびきがうるさいので、家庭内別居をしています。
I decided to sleep separately from my husband, because he snores badly.

☐ 愛のない生活です。
There's no love in our marriage.

離婚・再婚

□ 離婚しよう。
Let's get divorced.

□ 家を出ます。
I'm leaving you.

★leave someone＝…と別れる、家を出て行く

□ もう限界だよ。
I'm at my limit.

★at one's limit＝…の限界

□ 私のことを捨てないで！
Don't leave me！

□ 離婚届に判を押してください。
Sign the divorce papers.

★divorce papers＝離婚届

□ もっと早く決断すべきだった。
It's a little too late.

□ もう修復不可能です。
Nothing can repair our relationship.

★repair＝修復する

□ お似合いの夫婦だと思っていたのに。
I thought we were a good couple.

★good couple＝仲のよい夫婦

□ 離婚の原因は何だったの?
What made us divorce?

★What makes one...?＝何が…をさせたか？ つまり、どうしてそうなったのか？ 無生物主語を使う英語らしい表現。

☐ 借金ね。

He had a lot of debts.

★debt＝借金

☐ 性格の不一致だな。

We weren't a good match.

★good match＝よい組み合わせ

☐ 相性が悪かったのです。

There wasn't any chemistry between us.

★chemistry＝相性のよさ

☐ 私の仕事に理解がないのが嫌だったの。

He did not try to understand what I do.

☐ 離婚調停を進めています。

We are proceeding with the divorce process.

★proceed＝進める、divorce process＝離婚手続き

☐ 親権を争っています。

We are fighting over parental custody of our children.

★parental custody＝親権。映画『アイ・アム・サム』で主人公のサムが知的障害のため、娘のルーシーの親権をめぐって裁判で争う場面がある。映画では親権が条件つきで認められ、二人はいっしょに暮らすことができるようになるが、現実は子どもにとって経済的にもよりよい環境を与えられる親が親権を勝ち取るケースが多い。

☐ 今度こそ、生涯の伴侶に出会いました。

She's the best person I could ever find.

★the best personのあとはcould everと仮定法過去形になることに注意。

☐ 今度はうまくいくといいね。

Good luck this time.

☐ 2度目だから慎重になるよ。

I'm a bit cautious because it's my second marriage.

★cautious＝慎重になる

はみだし！ディープフレーズ④

音声は収録していませんが、楽しい表現、便利な表現を集めました

妊娠・出産・育児

妊娠

☐ 赤ちゃんができたみたい。
I think I'm pregnant.
★ pregnant ＝ 妊娠している

☐ 生理が1週間遅れています。
My period's a week late.
★ a week late ＝ 1週間遅れている

☐ 妊娠検査薬を試してみよう。
Let's find out with this pregnancy test.
★ pregnancy test ＝ 妊娠検査薬

☐ おめでたですね！
You're pregnant. Congratulations!

☐ 父親の実感がわかないな。
I don't feel like I'm going to be a father.
★ don't feel like ... ＝ ...の気がしない

☐ 不妊治療のかいがありました。
I'm glad the fertility treatment worked this time.
★ fertitily treatment ＝ 不妊治療

☐ 体外受精に成功しました！
In vitro fertilization was a success!
★ in vitro fertilization ＝ 体外受精

☐ 産婦人科へ行ってきます。
I'm going to see the gynecologist.
★ gynecologist ＝ 産婦人科

妊娠

○ つわりがきついです。

I'm having terrible morning sickness.

★morning sickness ＝ つわり。もともと、つわりは朝がいちばんつらいことからこの名前がついた。

○ 胸が張ってきました。

My breasts are swollen.

★breastsは複数形になるので注意。swell ＝ 張る、腫れる

○ 予定日は8月1日です。

I'm expecting my baby on August 1st.

★expect one's baby on... ＝ ...日が予定日である

○ 男の子、女の子どちらでもいいな。

I don't mind if it's a boy or a girl.

○ 妊娠3か月です。

I'm in my third month of pregnancy.

★in one's ...(st,nd,rd,th) month of pregnancy ＝ 妊娠...か月目である

○ 流産しました。

I had a miscarriage.

★miscarriage ＝ 流産。中絶 ＝ abortion。My cousin has had several miscarriages. I feel sorry for her.(従妹が流産を繰り返している。かわいそうに)

○ 危険日だったの。

It was close to my ovulation day.

★ovulation day ＝ 排卵日

○ 避妊に失敗した。

The contraception didn't work.

★contraception ＝ 避妊

○ 基礎体温は毎日測っていますか?

Do you keep your basal body temperature everyday?

★basal body temperature ＝ 基礎体温

出 産

◻ 出産に立ち会います。
I'll be there with my wife during labor.

◻ 陣痛がきた!
I'm in labor!

★labor＝陣痛。My contractions are 10 minutes apart!(もう陣痛が10分おきです!)、My water broke.(破水しました)

◻ おぎゃあ! おぎゃあ!
Waaaaah!

◻ 安産でした。
My wife had an easy delivery.

★delivery＝出産(分娩)。難産＝difficult delivery

◻ 元気な赤ちゃんですよ。
She looks so healthy.

◻ かわいい赤ちゃん!
She's adorable!

★adorable＝かわいい

◻ 男の子が生まれた!
It's a baby boy!

◻ 母子ともに健康です。
Both mother and baby are in good health.

◻ 帝王切開での出産でした。
I gave birth to my child by C-section.

★C-section＝帝王切開。正式にはCaesarean sectionと言うが、Caesar＝カエサル(ユリウス・シーザー)が帝王切開で生まれたことから、この呼び名がついたといわれている。

○ 自然分娩です。

It was a natural delivery.

★natural delivery＝自然分娩

○ 2200グラムの女の子でした。

She weighs 2200 grams.

★weigh…＝…の重さがある

○ もう名前は決まっているの?

Have you decided her name already?

○ 名前は両親から1字ずつもらいました。

The parents gave their baby one Chinese character from each of their first names.

★漢字を使わない海外では、父親から名前をもらうときは、息子にJr.をつける。His name is Robert Harris, Jr.（彼の名はロバート・ハリス2世だよ）

育 児

○ 夜泣きがひどい。

Our baby cries terribly all night.

○ 育児ノイローゼになってしまいました。

I think I have postpartum depression.

★postpartum depression＝育児ノイローゼ

○ 母乳の出が悪いんです。

I have trouble breast feeding.

★breast feeding＝母乳

○ 僕の会社も育児休暇が取れます。

Our company has adopted the maternity-leave system.

★maternity leave＝育児休暇

☐ 夫はイクメンです。
My husband is a great father.
★比較的、男性が仕事中心の日本やアメリカでは夫がイクメンになる機会が少ない。一方、北欧などヨーロッパの一部では夫婦で子育ての義務をシェアする傾向がある。

☐ 離乳食を食べるようになりました。
My baby has started to eat baby food.
★baby food ＝ 離乳食

☐ 今、生後6か月です。
She's six months old now.
★...months old ＝(赤ちゃんが)...か月である。She's 18 months.(この子は1歳半です)

☐ やっと、おむつ離れできました。
She'll soon stop using diapers and wear training pants.
★diaper ＝ おむつ

☐ ハイハイができるようになったんです。
She has started to crawl.
★crawl ＝ ハイハイ。寝返り ＝ roll over。In Japan, it is considered dangerous to put a baby on her face because a futon is very soft.(日本では布団が柔らかいため、赤ちゃんをうつ伏せに寝かせることは危険だと考えられています)

☐ もう、よちよち歩きをしています。
She is wobbly, but is walking.
★wobbly ＝ よちよち歩きである

☐ おしゃぶりが、はなせません。
She can't give up her pacifier.
★give up ＝ 手ばなす、pacifier ＝ おしゃぶり

☐ お母さん似ですね。
She takes after her mother.
★take after... ＝ ...に(外見上)似ている

育児

☐ 昼間は息子を保育園に預けてます。

My son is at day care in the daytime.

★day care＝保育園。大都市で働くママたちは子どもを保育園に預けて遅くまで働くこともしばしば。子どもの迎えにnanny（専門の子守）が来ることも。

☐ あんよが上手！ あんよが上手！

You're walking! Such a big boy!

★アメリカでは幼児をほめたり、励ましたりするときに、You are such a big boy／girl！と言うことが多い。逆に「だめ！」は、That's a no-no！

☐ いないいないばあ。

Peekaboo.

☐ お口開けて！ まんまよ。

Here comes the airplane. Open up!

☐ おしっこしたいの？

Do you want to go pee-pee?

★pee＝おしっこ。うんち＝poo。Do you want to go poo-poo?（うんちしたいの？）

☐ くすぐっちゃうぞ！

Tickle, tickle, tickle...

★赤ちゃんをくすぐるような仕草をしながら。

☐ わんわん来たよ。

See that little doggy?

★doggy＝わんちゃん。動物の名前は最後にyをつけることが多い。お馬さん＝horsey、豚さん＝piggy

☐ おいちい！

Yummy!

★幼児語で「おいしい」の意味。食事がまずいときは、Yucky！と言う。

☐ くつした、はこうね。

Let's put your sockies on.

★sockies＝socks（くつした）。幼児に対しては、単語の末尾に"ie"をつけて話しかけることが多い。Do you want your blankie?（毛布欲しい？）

CHAPTER 7

環境・IT

THEME 34 自然・環境

ロハス

音声 2 -45

☐ ロハスってどういう意味?

What does LOHAS mean?

> 💡 プラスα "LOHAS"は、lifestyles of health and sustainabilityの略。環境問題などを考慮した健康的なライフスタイル全般を指す。

☐ 将来は田舎暮らしがしたいですね。

I'd like to live in the countryside in the future.

> 💡 プラスα 田舎暮らしをする = live in the country。If you ask me whether I'd like to live in the city or in the country, I would definitely choose "the country."(都会暮らしがいいか、田舎暮らしがいいかと聞かれれば、絶対に田舎だね)

☐ オーガニック食品を愛用している。

I only eat organic food.

> 😊 表現 organic = 有機の

☐ 毎日、玄米を食べています。

I eat brown rice every day.

> 💧 文法 習慣的に行っていることは、動詞の進行形(eating)ではなく現在形(eat)を使う。I jog every day.(毎日ジョギングをしています)

☐ 伝統的な和食を見直そう。

We could learn a lot from the traditional Japanese diet.

> ❗ 注意 learn from... = ...から学ぶ。ここでいうdietは「ダイエット」の意味ではなく「食事」を指す。

☐ 週末にヨガでデトックスしています。

I detox by doing yoga every weekend.

☐ ラベンダーのアロマオイルをよく焚くんです。

I often use aromatherapy oil. I especially like lavender.

☐ マクロビごはんの教室に参加しました。

I took part in a macrobiotic diet class.

😊 **表現** macrobiotic＝マクロビの

☐ 彼はベジタリアンです。

He's a vegetarian.

⭐ **カルチャー** ベジタリアンにもさまざまな種類があり、一般的には乳製品、卵、魚などのいずれか、またはこれらすべてを食べない人を指す。vegan（ビーガン）と呼ばれる人たちはさらにストイックで、動物性食品は一切口にしない。

☐ 3泊4日の断食合宿に参加します。

I'm taking part in a fasting camp for three nights and four days.

💬 **文法** take part in...＝...に参加する、fast camp＝断食合宿。近い将来を表すときには、I'm taking...のように、進行形を使うことがある。

☐ 瞑想にすごく興味があるんだ。

I'm very much interested in meditation.

😊 **表現** meditation＝瞑想

エコ

音声 2 -46

☐ 節電を心がけています。

I'm trying to save as much energy as possible.

⭐ **カルチャー** save energy＝節電する。節約の意識は国によって異なる。電力コストが高い日本では「電気」を節約するが、一部のヨーロッパでは水不足のため、風呂水や飲料水など、「水」を節約する傾向が強い。

☐ 屋根に太陽光パネルを取りつけました。

We installed solar panels on the roof of our house.

💡 **プラスα** solar panel＝太陽光パネル。People in Denmark use a lot of natural energy such as wind power.（デンマークの人々は風力発電などの自然エネルギーをよく利用しています）

☐ 室温は28度に保ちましょう。

Let's keep the room temperature at 28 degrees.

ロハス／エコ

259

◻ うちの会社はクールビズを推奨していますよ。

Our company encourages employees to dress lightly in the summer.

> ⚠️ **注意** クールビズ(cool-biz)は、夏が暑い日本ならではの和製英語。海外では dress lightly／casually などと言うとよい。

◻ あなたの国はどんな環境問題を抱えていますか?

What kinds of environmental problems is your country facing now?

> 😊 **表現** environmental problem = 環境問題、face = 直面する

◻ エネルギーの節約にはリサイクルがいちばんだね。

Recycling is a good way of saving energy.

◻ ハイブリッドカーは、燃費がよくて環境にやさしいです。

Hybrid cars are fuel efficient and good for the environment.

> 😊 **表現** fuel efficient = 燃費がよい、good for the environment = 環境にやさしい

◻ 地球温暖化で北極の氷が溶けています。

Global warming is causing a lot of ice to melt in the Arctic.

> ✏️ **文法** cause = の原因である。動詞causeは無生物主語構文でよく使う。Eating too much fast food causes obesity.(ファストフードの食べ過ぎは肥満の原因です)

◻ 原発には断固反対です。

I'm strongly against nuclear power plants.

> 😊 **表現** be against... = ...に反対である

◻ 絶滅危惧種を守らないと。

We need to protect endangered species.

> 😊 **表現** endangered = 絶滅の危険のある

◻ ホッキョクグマは絶滅の恐れがある。

The polar bear will possibly be extinct in the future.

> 😊 **表現** extinct = 絶滅の

☐ 私は山ガールです。
I'm a mountain climbing buff.
😊 **表現** buff＝マニア。山ガールに相当する英語はない。

☐ いつかオーロラを見てみたいです。
I want to see the aurora with my own eyes someday.
💡 **プラスα** aurora＝オーロラ。南十字星＝the Southern Cross

☐ 今月は獅子座流星群が見られます。
We might get to see the Leonids this month.
😊 **表現** the Leonids＝獅子座流星群

☐ スーパームーンって知ってる?
Do you know what a "supermoon" is?
💡 **プラスα** supermoon＝スーパームーン。月が地球にもっとも近づいたタイミングで、満月または新月になること。

☐ 今年の七夕は天の川が見えるかな?
I hope we can see the Milky Way on July 7th this year.
⭐ **カルチャー** 七夕は中国から入ってきた東洋独特の宗教行事だったが、近年は笹の葉に願いを込めて飾るような楽しい祭りに変わった。七夕祭りは英語でTanabata Festival、またはStar Festivalとも言う。

☐ 山中で遭難しないようにね。
Don't get lost in the mountains, OK?

☐ この大木は樹齢1000年を超えています。
This big tree is more than 1000 years old.
💡 **プラスα** 人間と同じように、樹齢も...years oldと言う。

☐ 地平線を昇る太陽を眺めるのっていいな。
It's nice to see the sun rising above the horizon.

自然

☐ 野生のリスがいた！
I found some wild squirrels !

💡 プラスα 鹿 = deer、いのしし = wild boar、熊 = bear

☐ 森林浴は気もちがいい。
I love walking through the woods.

⭐カルチャー walk through the woods = 森の中を歩く（森林浴をする）。欧米人は自然
が大好き。暇さえあれば、緑のあるところを見つけ、ハイキングやウオーキン
グを楽しむ。

☐ 緑がいっぱいですね。
There are a lot of trees and plants everywhere.

☐ 日光浴しよう！
Let's sunbathe !

⭐カルチャー sunbathe = 日光浴をする。日照時間の短い北ヨーロッパでは、太陽が出て
いる時間を大切にする。暖かい晴れた日にはビーチで日光浴を楽しんだり、
ピクニックや野外キャンプに出かけたりする人が多い。

☐ 海底には不思議な生きものがたくさんいるんだ。
There are many strange creatures living in the seabed.

☺ 表現 seabed = 海底

☐ しんきろうが見える！
I just saw a mirage !

☺ 表現 mirage = しんきろう

動 物
音声 2 -48

☐ 猫を飼いたい。
I want to have a cat as a pet.

💡 プラスα have = 家で飼育する。犬 = dog、ハムスター = hamster、うさぎ = rabbit、
いんこ = parakeet、亀 = turtle。欧米の人もペットはよく飼う。セレブの多い
ロサンゼルスでは、高級犬を連れて散歩するのが一種のステータス。

☐ どちらかというと犬好きです。
I prefer dogs to cats.

😊 表現 prefer...to... = ...より...が好き

☐ わんちゃんのお名前は?
What's the name of your doggie?

😊 表現 doggie = わんちゃん

☐ わんわん!(鳴き声)
Bow-wow!

💡 プラスα 猫の鳴き声 = meow、馬の鳴き声 = neigh、からすの鳴き声 = caw、鳥の鳴き声 = chirp、牛の鳴き声 = moo、雄鶏の鳴き声 = cock-a-doodle-doo、豚の鳴き声 = oink

☐ お手!
Shake!

💡 プラスα お座り = Sit!

☐ 咬んじゃだめよ。
Don't bite.

😊 表現 bite = 咬む

☐ 毎朝、犬と散歩しています。
I walk my dog every morning.

😊 表現 walk one's dog = 犬を散歩させる

☐ ペットがいて長期旅行はできないの。
I have pets, so I can't go on long trips.

☐ うちの犬が赤ちゃんを産みました。
Our dog just had puppies.

😊 表現 puppy = 犬の赤ちゃん、子犬

☐ だれか子猫もらってくれないかな。
Is anybody willing to take our kitten?

😊 表現 kitten = 子猫

動物

☐ 留守にするのでペットシッターを頼みたい。
We are looking for a pet sitter while we are away.
😊 **表現** while one is away＝…が留守にする間

☐ うちのマンションはペット不可です。
Pets are not allowed in our condo.

☐ 毎日、猫に癒やされています。
Playing with my cat relieves my stress.
😊 **表現** relieve one's stress＝…のストレスを癒やす

☐ うちの犬は甘えん坊なんですよ。
My dog behaves like a spoiled child.
😊 **表現** spoiled＝甘やかされた

☐ 私たちの猫は三毛猫です。
Our cat is a calico.
💡 **プラスα** calico＝三毛猫。ペルシャ猫＝Persian、シャム猫＝Siamese

☐ 我が家の犬はミニチュアダックスフンドです。
Our dog is a Miniature Dachshund.
💡 **プラスα** Miniature Dachshund＝ミニチュアダックスフンド。柴犬＝Shiba、チワワ＝Chihuahua

☐ 捨て猫を拾いました。
We brought a stray cat home.
😊 **表現** stray cat＝捨て猫

☐ 元気がないので動物病院に連れて行かなきゃ。
He is getting weak. We'll take him to the veterinarian.
😊 **表現** get weak＝弱っている

☐ 毛玉がすごいね。
That's a huge hairball, isn't it?
😊 **表現** hairball＝毛玉

◯ 迷い猫をさがしています。
If you find our lost cat, please contact us.

災害　音声 2 -49

◯ 地震だ！
Earthquake！

> ★カルチャー　日本は地震が多いが、ほとんどない国や地域では、一生のうちに経験する地震が1、2回の人もめずらしくない。

◯ 緊急地震速報だ！ 気をつけて！
Emergency earthquake warning! Prepare yourself！

> ☺ 表現　emergency earthquake warning＝地震速報、Prepare yourself！＝気をつけて！

◯ マグニチュード5でけっこう揺れたよ。
We had a magnitude 5 quake. It shook pretty badly.

> ☺ 表現　quake＝地震、揺れ

◯ 河が氾濫している。
The river is flowing over the banks.

> ☺ 表現　flow over... ＝ ...へあふれる、banks＝河岸

◯ 土砂崩れに注意を！
Watch out for land slides！

◯ 大洪水で人が亡くなった。
The huge flood killed many people.

> ◆ 文法　災害で人が亡くなったり、けがをしたりした場合、英語では無生物主語の構文を使うことが多い。The large quake injured many people.（大きな地震でたくさんの人がけがをした）

◯ 今回の台風は大きそうです。
The typhoon this time seems to be quite big.

☐ 突然、竜巻が発生した。

We had a sudden tornado.

💡 プラスα tornado＝竜巻。アメリカ南部ではしばしば大規模な竜巻が起こる。The large tornado blew away all the houses in that area.（大きな竜巻でその地域の家はすべて壊滅した）

☐ 津波が到達する前に高台に避難しよう。

Let's evacuate to a higher place before the tsunami arrives.

💡 プラスα evacuate＝避難する。tsunamiは英語になるほど海外でも知られている。

☐ ゲリラ豪雨に遭って動けなくなった。

We had to stay there for a while because of the torrential rain.

☺ 表現 for a while＝しばらくの間、torrential rain＝ゲリラ豪雨

☐ 火事だ！ 起きて！

Wake up！ There's a fire！

💡 プラスα fire＝火事。消火器＝fire extinguisher、消防車＝fire engine

☐ キラウエア火山が噴火した。

Kilauea Volcano has erupted.

☺ 表現 erupt＝爆発する

☐ 新型ウイルスが蔓延している。

A new type of virus is spreading.

💡 プラスα virus＝ウイルス。鳥インフル＝bird flu

☐ 災害時の対策を考えておかなきゃね。

We should always be prepared for a sudden disaster.

☺ 表現 be prepared for...＝...のために準備しておく、sudden disaster＝突然の災害

THEME 35 電 話

電話をかける

音声 2 -50

☐ もしもし。
Hello.

> 😊 表現 Hello ＝もしもし。昼でも夜でも、この一言を覚えておけば大丈夫。

☐ 由美さんはいますか?
Is Yumi there?

> 😊 表現 Is...there? ＝...さんいますか?

☐ 今、大丈夫?
Can you talk now?

☐ 仕事中に電話しちゃってごめんね。
Sorry for interrupting while you are at work.

> 😊 表現 while you are at work ＝仕事中。相手が仕事で忙しそうなときは、このフレーズで謝ろう。

☐ 緊急の用事なんだ。
This is something rather urgent.

> 😊 表現 rather urgent ＝ちょっと急ぎの

☐ たいした用事じゃないんだけどね。
It's nothing important, but...

☐ ちょっと声が聞きたくなって。
I just wanted to know how you are.

> 😊 表現 how you are ＝元気かどうか。大した用事もないのに電話をかけるときに便利な表現。

☐ どうしてるかなって思ってかけたんだ。
I was wondering if you are OK.

電話をかける

電話をかける

<table><tr><td>　　　　　は、いらっしゃいますか？</td></tr></table>

May I speak to ⬚⬚⬚⬚⬚？

社長
the president

部長
the manager

課長
the section chief

営業の宮崎さん
Mr. Miyazaki in Sales

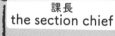
広報の山田さん
Ms. Yamada
in Public Relations

電話を受ける

今、□□□中です。

He／She is □□□ now.

休暇
on vacation

電話中
on another line

離席
not available

出張
on a business trip

昼食
out for lunch

外出
out

電話をかける／電話を受ける

☐ 総務部の高橋さんはいらっしゃいますか?
May I talk to Ms. Takahashi in the General Affairs Department?

> 💡 プラスα May I talk to... = ...さんはいらっしゃいますか?　会社などに電話するときは、丁寧に話そう。

☐ 高橋京子は私ですが。
Kyoko Takahashi speaking.

> ⚠️ 注意 電話で名乗るときは、(This is)...speaking.と言う。I'm...とは言わない。

☐ どちら様ですか?
May I ask who's calling?

電話を受ける

☐ はい、鈴木太郎です。
This is Taro Suzuki.

☐ はい、武田商事です。
This is Takeda Corporation. May I help you?

> 🙂 表現 This is... May I help you? 会社で電話を受けるときに使う定番フレーズ。

☐ 少々お待ちください。
Please hold.

> 🙂 表現 hold = 電話をつないだままにしておく

☐ お待たせしました。
I'm sorry to have kept you waiting.

> 🙂 表現 keep one waiting = ...を待たす

☐ ただ今、高橋はほかの電話に出ています。
Mr. Takahashi is on another line now.

> 🙂 表現 on another line = 別の電話に出ている

☐ いますよ。代わりますね。
Yes, he's here. Just a moment.

> 😊 **表現** Just a moment.（ちょっとお待ちください）

☐ いつもお世話になっております。
It's very nice to hear from you again.

> 💡 **プラスα** 「いつもお世話になっております」とまったく同じ意味の表現は英語にはない。

☐ お電話が少々遠いようです。
Sorry, I can't hear you well.

> 💡 **プラスα** can't hear well ＝ よく聞こえない。I'm afraid I can't hear you well.（電話が遠いようです）

☐ もう少し大きな声でお願いできますか?
Could you speak a little louder?

☐ 電波が悪いようです。
It seems the reception is bad.

> 😊 **表現** reception ＝ 電波（の受信）

☐ お名前をうかがってもよろしいですか?
May I have your name, please?

> 😊 **表現** 名前を尋ねる際のいちばん丁寧な表現。会社の電話応対ではこう質問しよう。

☐ お急ぎですか?
Is this urgent?

> 😊 **表現** urgent ＝ 緊急の

☐ ジャクソンは外出中です。
Ms. Jackson is out now.

> 😊 **表現** out ＝ 外出中である

☐ ジャクソンはただ今、電話に出られません。
Ms. Jackson is not available now.

> 😊 **表現** not available ＝ 何らかの理由で席を離れている

☐ どちらの山田様でしょうか？
Mr. Yamada, may I ask which company you are calling from?

☐ 戻りしだい、かけ直すよう伝えておきますね。
I'll tell her to call you when she gets back.

😊 **表現** tell...to call ＝ ...にかけるように伝える

伝言を頼む・受ける

音声
2
-52

☐ 伝言をお願いできますか？
Could I leave a message?

😊 **表現** leave a message ＝ 伝言を残す

☐ メモのご用意をお願いします。
Do you have something to write with?

😊 **表現** something to write with ＝ 書くもの（道具）

☐ 電話があったことだけお伝えください。
Please just tell her that I called.

☐ また電話するとお伝え願えますか？
Could you tell her that I'll call her again later?

💡 **プラスα** Could you tell...? ＝ ...にお伝えくださいますか？ はじめての相手にはできるだけ丁寧な表現を使おう。

☐ よろしければご用件を承ります。
Please leave a message if you like.

😊 **表現** if you like ＝ よろしければ

☐ 承りました。
Certainly.

◯ 部長の平田ですね?
Do you want our manager, Mr. Hirata, on the phone?

> 💡 プラスα 部署やポジションの呼称は日本と海外でかなり異なる。日本の場合、通常、課長は section chief／manager、部長は general manager／manager、常務は executive director、専務は senior executive director などの英語に訳されることが多い。

◯ 少々お待ちを。すぐ部長に代わります。
One second, he'll be right with you.

> 😊 表現 be right with you ＝もうすぐ相手をする

◯ 広報のスミスでございますね?
Mr. Smith of the PR Department?

◯ ただ今、スミスにおつなぎします。
I'll put you through to Mr. Smith.

> 😊 表現 put...through to... ＝...を...につなぐ

◯ 私ではわかりかねます。
I'm afraid I'm not the right person to talk to about this matter.

> 💡 プラスα not the right person to... ＝...するのに適当な人間ではない。I think you are talking to the wrong person. (ほかの担当者のほうがよろしいようです)

◯ 事情のわかる者に代わります。
I'll transfer your call to someone who knows that matter well.

> 😊 表現 transfer ＝電話をほかの人につなぐ

◯ 少々お待ちいただけますか?
Would you please hold for a minute?

> 💡 プラスα for a minute ＝少しの間。for a second とも言う。

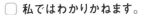

THEME 36　IT

パソコン

音声 2 -54

☐ 電源を入れます。

Turn on the power.

💡 **プラスα** turn on ＝ (電源を)入れる。(電源を)切る ＝ turn off

☐ 新しいノートパソコンを買いました。

I bought a new laptop.

😊 **表現** laptop ＝ ラップトップ(ノート型)のPC

☐ 自宅にはパソコンが2台あります。

I have two PCs at home.

☐ マック派？ ウィンドウズ派？

Are you a Mac person or a Windows person?

⭐ **カルチャー** Mac person ／ Windows person ＝ マック派／ウィンドウズ派。どちらを使うかによって、このような呼び方をする。

☐ どんなソフトが入ってるの？

What kinds of applications are installed in this PC?

💬 **文法** application ＝ ソフト、be installed ＝ インストールされている。softwareとも言うが、この単語は集合名詞で"s"がつくことはない。

☐ コピペすればいいんじゃない？

You just copy and paste it.

❗ **注意** コピペはcopy(コピーする) and paste(貼る)の略。もちろん和製英語。

☐ 書類をプリントアウトしよう。

We'll print out the documents.

😊 **表現** print out ＝ プリントアウトする

☐ この書類をスキャンできますか？

Could you scan these documents?

☐ スキャニング機能もあるプリンタだよ。
This printer has a scanning function.
😊 **表現** scanning function＝スキャニング機能

☐ 強制終了のやり方を教えて。
How do I shut it down?
😊 **表現** shut down＝強制終了する

☐ どうやって起動するの?
How should I start this computer?

☐ 再起動しました。
The PC has restarted.
😊 **表現** restart＝再起動する

☐ バックアップとってなかった!
Oh my god! I didn't back up the data!
💡 **プラスα** You should regularly back up your data.(定期的にバックアップしておくといいよ)

☐ あのデータ、どこに保存したかなあ……。
I can't remember where I saved that data...
😊 **表現** save data＝データを保存する

☐ パソコンがフリーズした!
My PC froze!
😊 **表現** froze＝フリーズした。freezeの過去形

☐ マウスが反応しないな。
The mouse doesn't work.
💡 **プラスα** mouse(マウス)は形状がねずみに似ていることからこの名がついた。mouth(口)ではないので注意!

☐ ハードディスクが壊れた。
The hard disk is broken.
💡 **プラスα** hard disk＝ハードディスク。IT用語は英語がそのまま日本語になっている場合が多い。キーボード＝keyboard、タッチパネル＝touch panel

☐ 電源を入れても立ち上がらない。
It doesn't start even if I turn on the power.

😊 **表現** start ＝ 立ち上がる

☐ PCがウイルスに感染したみたい。
I think my PC is infected with a virus.

📖 **文法** be infected with a virus ＝ ウイルスに感染する。infectedのあとの前置詞はwith。

☐ 今、修理に出してます。
My PC is under repair now.

😊 **表現** under repair ＝ 修理中

☐ パソコンがないと仕事にならないよ。
I can't do any work without my PC.

💡 **プラスα** People rely too much on their PCs recently. (PCに頼りすぎる人が増えている)

☐ ノマド専用カフェがあります。
There's a special cafe for telecommuters.

⭐ **カルチャー** telecommuter ＝ ノマドワーカー。オフィスをもたず、パソコンひとつで仕事をする人たちが増えている。Wi-Fiさえあれば、カフェでも仕事ができる時代になった。

メール
音声 2 -55

☐ メール送りますね。
I'll email you soon.

💡 **プラスα** emailはいつの間にか動詞として使われるようになった。

☐ あとでメールください。
Can you email me later?

☐ あとでメールくれる?
Text me later, OK?

☐ メール届いてますか?
Have you got my email?

> ★ カルチャー 映画『ユー・ガット・メール』は、お互い顔を知らずにメール交換する男女が恋に落ちる話。当時はまだSNSも発達しておらず、メールが恋の手段になったところがおもしろがられた。

☐ 返信が遅くなりました。
Sorry for the late reply.

> 💡 プラスα late reply＝遅い返信。メールの返信のスピードは、国を問わず個人差がある。すぐに返信できなかったときは、とりあえず文頭でこう謝ろう。

☐ 空メール送ってみてください。
Can you just send me a test mail?

> 😊 表現 test mail＝空メール

☐ 届いてないようです。
Looks like your email hasn't arrived.

☐ 違う人にメールを送ったみたい。
I think I sent an email to the wrong person.

> 😊 表現 send an email to the wrong person＝間違った相手にメールを送る

☐ アドレスが間違っているみたいだな。
I guess this email address is wrong.

☐ 重いメールだなあ。
This email has a large attachment.

> 😊 表現 attachment＝添付ファイル

☐ 添付ファイルが開けないな。
I can't open the attached file.

> 😊 表現 attached file＝添付されたファイル

☐ 文字化けしちゃった。
The text got garbled.

> 😊 表現 get garbled＝文字化けする

メール

覚えておきたい 略語＆顔文字

略語	原文	意味
ASAP	As soon as possible	「できるだけ早く」
FYI	For your information	「ご参考までに」
BTW	By the way	「ところで……」
RIP	Rest in peace	（お悔やみとして）「安らかにお眠りください」
TIA	Thanks in advance	（何かお願いしたときの）「よろしくね！」
OMG	Oh my god	「ああ、びっくり」
LOL	Laughing out loud	「わはは」
CUL	See you later	「じゃあね！」
BFN	Bye for now	「今日はこれで……」
TBH	To be honest	「正直言うとね……」
TMI	Too much information	「情報あり過ぎ！」
TTYL	Talk to you later	「今度また話そうね」
DH/DW	Dear husband/ Dear wife	「愛する夫へ」／「愛する妻へ」
xoxo	Hugs & kisses	「だいすき、だいすき」 ＊ドラマ『ゴシップガール』で流行した

略語はSNSやメールでよく使われる。海外の顔文字は、日本と違い顔が横向きになるのが特徴。顔文字は、ビジネスシーンではNG。あくまで私信やSNSでの使用にとどめよう。

顔文字	意味	顔文字	意味
:-)	にっこり	:-/	不満がある
:-))	うれしい	:X :-X	黙秘
:-))))))))	とてもとてもうれしい	:-‖	怒っている
:-D	満面の笑み	>:-<	すごく怒っている
:')	涙が出るほど笑える	:*)	酔っ払っている
:-}	苦笑い	:6 :-6	酸っぱい
:-]	皮肉な笑い	8) 8-)	眼鏡をかけた人
:-(	悲しい	O :-)	天使
:-c	がっかり	*<(:-)	サンタクロース
;-(:'(:'-)	泣く	:@) :8)	豚
:-P	あっかんべえ	;-)	ウインク
:-O	驚く	:o :-o	あくび
=)	驚く	<3	ハート
:& :-&	あきれて言葉も出ない	</3	割れたハート

※顔文字は一例です

☐ CCで僕にも送っておいて。

Can you CC me as well?

> 💡 プラスα CC＝CCする。これもいつの間にか動詞として使われるようになった語句のひとつ。Can you CC this message to everyone?(このメッセージ、みんなにCCしておいてくれない?)

☐ 受信トレイがいっぱいになっちゃった。

My inbox is full.

> 😊 表現 inbox＝受信トレイ

☐ 迷惑メールがたくさん届いて困ってるんだ。

I hate how much junk mail I get.

> 😊 表現 junk mail＝迷惑メール。なかなかメールが来ないと思っていたら、junk mailフォルダに入っていたなんてことも。

スマートフォン・携帯　音声2-56

☐ 携帯からスマホに変えたところです。

I just changed from a cell phone to a smart phone.

> 😊 表現 cell phone＝携帯電話、smart phone＝スマートフォン(スマホ)

☐ かわいい待ち受け画面だね。

It's a cute background screen.

> 😊 表現 background screen＝待ち受け画面

☐ アドレス帳に登録しておくよ。

I'll add you to my contact list.

> 😊 表現 contact list＝アドレス帳

☐ アプリたくさん入れてるね。

Wow, you have so many apps on your smart phone.

> 😊 表現 apps＝アプリ。applicationsの略。

☐ 映画が始まるから電源を切ろう。

Let's turn off our phones before the movie begins.

☐ バッテリーがなくなってきた。
My battery is low.

💡 **プラスα** low =（バッテリーが）なくなりつつある。The battery is dead. I'll have to charge it right now.（バッテリーが切れた。すぐに充電しなくちゃ）

☐ 電波悪いね。
Reception is bad.

☐ 自分撮りしよう。
I'll take a selfie.

😊 **表現** selfie = 自分撮り

☐ 留守電にメッセージを入れたよ。
I left a message on your answering machine.

😊 **表現** answering machine = 留守番電話

☐ 着信があったみたい。
Looks like someone tried to call me.

☐ 着信拒否しちゃった。
I blocked this address.

💡 **プラスα** block the address(number) = 着信拒否する。He kept sending me nasty emails. I just blocked him.（嫌なメールばかり送ってくるので、あいつを着信拒否した）

インターネット

音声
2 -57

☐ ネットショッピングしちゃった。
I bought something online.

📘 **文法** online = インターネットで。onlineは副詞として使われているので、前置詞は不要。

☐ ネットオークションに出品した。
I put something on eBay.

😊 **表現** eBay = ネットオークションのひとつ

☐ ブログやってます。よかったら読んでね。
I write a blog. Take a look if you like.
😊 表現　take a look ＝軽く見る、または読む

☐ IDとパスワードを保存しておこう。
I'll save my ID and password.

☐ ブックマークしておくと便利だよ。
Bookmarking is handy when you want to visit the same site again.
😊 表現　handy ＝便利である

☐ ネットで検索してみて。
Just google it.
⭐ カルチャー　google ＝グーグルする。Google検索があまりにも人気で、検索する＝グーグルする（動詞）と言うようになった。

☐ このホームページのデザイン、かっこいいね。
This website is nicely designed.
😊 表現　nicely designed ＝デザインがよい

☐ クラウドなら、どこからでもアクセスできるね。
You can always access your data using the cloud.
☁ 文法　cloud ＝クラウド、access ＝アクセスする。動詞のaccessは直接目的語をとる。toなどの前置詞をaccessのあとに入れないように。

☐ Wi-Fiがつながらない。
There's no Wi-Fi here.
💡 プラスα　Do you know where I can get free Wi-Fi?（無料Wi-Fiが使える場所を知っていますか？）

☐ ネットを見過ぎないよう注意しています。
I'm trying not to get addicted to the Internet.
😊 表現　get addicted to... ＝...に夢中になる

☐ フェイスブックのやり過ぎだ。
I think I'm a Facebook addict.

282

☐ リンクをむやみにクリックしないほうがいいよ。
It's better not to click on random links.
> 😊 **表現** click on random links ＝むやみにリンクをクリックする

☐ ハッカーの被害に遭いました。
My account has been hacked.
> 😊 **表現** be hacked ＝ハッキングされる

☐ 個人情報の流出だって。
Their personal information was leaked.
> 😊 **表現** be leaked ＝（情報などが）漏れる

☐ スカイプなら顔を見ながら話せるね。
It's nice that we can see each other's faces on Skype.
> ⭐ **カルチャー** 無料で通話できるスカイプは世界中で人気。スカイプで話す ＝ talk on Skype

☐ スカイプで打ち合わせました。
We had a meeting on Skype.
> ⭐ **カルチャー** これまでは電話・ビデオ会議が主流だったが、最近はスカイプを使った会議や打ち合わせが増えている。パソコン1台あれば、空港でもホテルでも話し合えるので便利。

S
N
S

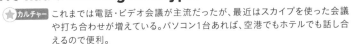

SNS
音声 2 -58

☐ フェイスブックを始めました。
I joined Facebook.
> 💡 **プラスα** フェイスブックはスカイプと同じく商品名なので、頭文字は大文字を使うことが多い。略してFBと言うことも。I'm a frequent FB user.（フェイスブックはしょっちゅう使っている）

☐ 写真をフェイスブックにアップしてもいい?
Is it OK to post your photo on Facebook?
> 💡 **プラスα** post ＝投稿する。I just posted some photos from my recent trip to Kyoto.（最近、京都に行ったときの写真をアップした）

☐ 写真に「いいね！」しといたよ。

I just "liked" your photo.

💡 プラスα "like" = 「いいね」を押す。"like"を単なる「好き」ではなく、「いいね！」と和訳したのは名案。

☐ コメントありがとうございます。

Thank you for your nice comment.

☐ タグ付けしてもいいかい？

Can I tag you in my photo?

😊 表現 tag = タグ付けする

☐ 「友達申請」するね。

I'll send you a friend request.

😊 表現 friend request = 友達申請

☐ あいつの友達申請は受けつけたくないなあ。

I don't think I'll accept a friend request from him.

☐ ん？ ログインできないぞ。

Hmm... I can't log in.

☐ どうやってログアウトするのかな？

I don't know how to log out.

☐ ツイッターやってる？

Do you use Twitter?

💡 プラスα Twitterも頭文字は通常、大文字。動詞はtweet。My brother often tweets about politics. (兄は政治について、よくツイートしている)

☐ フォローしたよ。

I just followed you on Twitter.

😊 表現 follow = フォローする

☐ 設定を非公開にしているから。

I'm making my account private.

😊 表現 make one's account private = 設定を非公開にする

☐ リツイートしといたよ。
I just retweeted you.
😊 **表現** retweet＝リツイートする

☐ ブロックされた。
I was blocked.
😊 **表現** be blocked＝SNSなどでブロックされる

☐ ラインに招待するね。
I'll invite you to LINE.
😊 **表現** invite＝招待する、LINE＝ライン

☐ ID検索してみて。
Search for my name by ID.
😊 **表現** search by ID＝ID検索する

☐ ラインにメッセージ送ったよ。
I sent you a message on LINE.

☐ ラインから電話をかけよう。
I'll call you on LINE.
😊 **表現** call someone on LINE＝ラインを使って...に電話する

☐ ブログが炎上してる……。
My blog has been flooded with nasty comments...
😊 **表現** be flooded with...＝...であふれ返っている

☐ SNSを使った詐欺に気をつけてください。
Be careful of scams when using SNS.
😊 **表現** scam＝詐欺のメール。フェイスブックなどのSNSを通じて詐欺のメールが送られてくることも。

☐ SNSは全部やめようと思ってるんです。
I'm going to stop using SNS.
⭐**カルチャー** フェイスブックやツイッター発祥の地アメリカでも、SNSの使い過ぎは問題になっている。一日に何回も閲覧することで仕事や学習に支障をきたすだけでなく、他人への羨望や自己否定などのネガティブな感情が生まれるおそれがある、と研究者が指摘している。

THEME 37 数・単位

数・単位

音声 2 -59

☐ 今日は9月21日です。

It's September 21st today.

💡 **プラスα** 明日＝tomorrow、昨日＝yesterday、あさって＝the day after tomorrow、おととい＝the day before yesterday、しあさって＝two days after tomorrow、さきおととい＝two days before yesterday、先日＝the other day

☐ 午後7時半にホテルのロビーで待ち合わせましょう。

Let's meet in the lobby at 7:30 p.m.

📝 **文法** p.m.＝午後、午前＝a.m.。時間を伝えるときの前置詞はat。I'll wait for you at 10:00 a.m. in my office tomorrow.（明日午前10時に部屋でお待ちしています）

☐ 今、午前10時10分です。

It's 10:10 a.m. now.

💡 **プラスα** It's just 10 o'clock.（10時ちょうどです）、It's 10 (minutes) to 10:00 a.m.／It's 9:50 a.m.（午前10時10分前です）、It's 10:30 p.m.（午後10時30分です）

☐ 今週の土曜日は出社です。

I'm working this Saturday.

💡 **プラスα** 来週＝next week、再来週＝the week after next、先週＝last week、先々週＝the week before last

☐ 自宅から学校まで2キロくらいです。

It's two kilometers from home to school.

⭐ **カルチャー** ほとんどの国がメートル法を採用しているが、アメリカではマイル、ヤード、インチを使っている。1マイルは1.609km、1ヤードは91.44cm、1インチは2.54cm。

☐ 7センチのヒールは疲れるよ。

These 7 cm heels are killing me.

💡 **プラスα** kill＝(...を)疲れさせる、うんざりさせる。7センチは約3インチ。

☐ この1か月で3キロ痩せたよ。
I've lost three kilograms in a month.
> 💡 プラスα 1ポンドは453.59gなので、3kgは約7ポンド。

☐ 今日の最高気温は35度だって。
The high today will be 35 degrees Celsius.
> 💡 プラスα 摂氏と華氏の変換は、摂氏＝5/9（華氏−32度）の式を使って計算する。摂氏15度は華氏60度くらい。The low today was 60 degrees Fahrenheit.（今日の最低気温は華氏60度くらいだった）

☐ ケーキを5個買って来たよ。
I bought five pieces of cake.
> 📖 文法 通常、a cakeは大きなケーキ全体を指す。それを切り分けた際の一片はa piece of cakeと言わなければならない。

☐ 新幹線の最高速度は時速320キロです。
The maximum speed of the new bullet train is 320 kilometers per hour.
> 💡 プラスα per hour＝時速。分速＝per minute、秒速＝per second

☐ 1兆円もの税金が無駄になっていた。
The one trillion yen we paid in taxes has been wasted.
> 💡 プラスα 1(one) trillion＝1兆。10億＝1 billion、1億＝100 million、100万＝1 million、1万＝ten thousand

☐ ミニチュアダックスフンド1匹といんこ2羽を飼ってます。
I have a Miniature Dachshund and two parakeets as pets.

☐ 居間に1対のシーサーを飾ってます。
We have a pair of Okinawan lion statues in our living room.
> 💡 プラスα a pair of＝1対の。I got a new pair of glasses for my grandmother.（おばあちゃんに新しいめがねを買ってあげた）

☐ ペットボトルのお茶を2本買ってきて。
Get us two PET bottles of tea.
> 💡 プラスα 1本の＝a bottle of、グラス1杯の＝a glass of、カップ1杯の＝a cup of

著者

光藤京子　みつふじ きょうこ

国際会議やビジネス会議の通訳を務めた後20年近く、東京外国語大学などで英語コミュニケーションや通訳・翻訳の指導にあたる。日英翻訳グループTAS代表、翻訳コンサルタント。グローバルコミュニケーションのプロフェッショナルとして、講演や雑誌の執筆活動も行う。趣味は散歩、映画、夕方にたしなむワイン。

〈著書〉

『シネマで見つけた一気持ちが伝わる英語表現』『働く女性の英語術』『働く女性の英語術2nd season』（ジャパンタイムズ）、『プロが教える基礎からの翻訳スキル』（三修社）など

オフィシャルブログ「Keri先生のシネマ英語塾」
https://blog.excite.co.jp/kerigarbo

何でも英語で言ってみる！

シンプル英語フレーズ2000 音声DL版

著　者　光藤京子
発行者　高橋秀雄
発行所　株式会社 高橋書店
　　　　〒170-6014 東京都豊島区東池袋3-1-1 サンシャイン60 14階
　　　　電話 03-5957-7103

ISBN978-4-471-11458-9　©MITSUFUJI Kyoko　Printed in Japan

本書の内容についてのご質問は「書名、質問事項（ページ、内容）、お客様のご連絡先」を明記のうえ、郵送、FAX、ホームページお問い合わせフォームから小社へお送りください。
回答にはお時間をいただく場合がございます。また、電話によるお問い合わせ、本書の内容を超えたご質問にはお答えできませんので、ご了承ください。
本書に関する正誤等の情報は、小社ホームページもご参照ください。

【内容についての問い合わせ先】
　書　面　〒170-6014 東京都豊島区東池袋3-1-1 サンシャイン60 14階
　　　　　高橋書店編集部
　FAX 03-5957-7079
　メール 小社ホームページお問い合わせフォームから（https://www.takahashishoten.co.jp/）

【不良品についての問い合わせ先】
　ページの順序間違い・抜けなど物理的欠陥がございましたら、電話03-5957-7076へお問い合わせください。ただし、古書店等で購入・入手された商品の交換には一切応じられません。